Inhalt

W0193996

Einleitung

Sicher hast du schon einmal ein Haus aus Klötzen gebaut. Vielleicht aus einem Bausatz mit Boden- und Deckenplatten, mit Steinen in allen Größen und Formen für die Wände und das Dach, mit Türen und Fenstern und vielen anderen Bauteilen. Auch eine Anleitung mit verschiedenen Bauplänen fehlt bei solchen Bausätzen meistens nicht, und für den Anfang ist das ganz nützlich. Richtigen Spaß macht es aber erst, wenn man eigene Ideen verwirklichen kann, auch wenn es nicht immer gleich klappt. Dann versucht man es eben noch einmal. Nur genau muss man dabei sein, sonst fällt alles wieder ein. Was hat nun aber das Spielen mit Bausteinen mit Origami zu tun?

Origami ist ein japanisches Wort und heißt soviel wie „Die Kunst des Papierfaltens". Im Laufe vieler Jahrhunderte haben die Japaner eine Falttechnik entwickelt, die viel Ähnlichkeit mit dem Zusammensetzen einzelner Bauteile hat. Die Zeichnungen in diesem Buch sind nichts anderes als die Baupläne in einem Baukasten. Sie erleichtern es dir, die Technik zu erlernen. Wenn du diese beherrschst, brauchst du dich nicht mehr genau an die Zeichnungen zu halten, sondern kannst selbst ausprobieren, ob es auch anders geht. Dabei werden dann ganz neue Figuren nach deiner eigenen Fantasie entstehen. Origami ist ein Spiel mit einem Blatt Papier und der Technik des Faltens. Bei diesem Spiel gilt aber das gleiche wie beim Spiel mit den Bausteinen: Schludern bringt nichts ein! Alle Falten müssen sauber und genau ausgeführt werden, sonst klappt es nicht. Wenn du bei diesem Buch nicht mittendrin beginnst, sondern von vorn anfängst, gelingt es dir am schnellsten, ein Origami-Meister zu werden.

Wichtige Regeln

1. Falte immer auf einem festen, glatten Untergrund.

2. Führe alle Falten so genau wie möglich aus.

3. Streiche alle Falten gut ein.

4. Bringe das Faltblatt nach jedem Faltvorgang wieder genau in die in der Zeichnung vorgezeichnete Lage.

5. Schau dir immer auch gleich die nachfolgende Zeichnung an, denn sie zeigt, wie deine Arbeit nach dem Falten aussehen soll.

Zeichnungen

Die Zeichnungen erzählen dir, wie die Falten gemacht werden. Fasse dabei immer gleich zwei Zeichnungen ins Auge. In der ersten sind die Falten eingezeichnet, die du machen sollst, und in der nächsten siehst du, wie das Faltblatt anschließend aussehen muss. Meistens liegt das Faltblatt zu Beginn mit der Farbseite auf dem Tisch. Für den Anfang kannst du dir Bezeichnungen wie A, B, C, D usw. direkt auf das Faltblatt schreiben, dann ist es viel leichter. Es gibt viele verschiedene Falten und jede hat ihre besondere Linie in der Zeichnung. So bedeutet zum Beispiel eine Linie aus lauter kleinen Strichen, dass du hier eine Talfalte machen sollst. Bei einer Linie aus Punkten machst du dagegen eine Bergfalte.

In der Zeichnung liegt das Faltblatt in einer bestimmten Lage. Während du faltest, kannst du es auch hin und her drehen. Doch lege es nach dem Falten wieder so hin, wie es die Abbildung zeigt, denn dann kannst du kontrollieren, ob du die Falten richtig gemacht hast und verstehst den nächsten Schritt besser. Vergiss aber nie, auch selbst etwas auszuprobieren, denn erst dann macht Origami so richtig Spaß.

Papier

Papier ist alles, was du brauchst. Die meisten Modelle entstehen aus einem quadratischen Faltblatt. Nun gibt es ganz verschiedene Arten von Papier. Das eine ist besser für Origami geeignet, das andere weniger gut. Nimm zum Beispiel einen Bogen Zeitungspapier. Für kleine Faltarbeiten ist dieses Papier zu dick, und es reißt leicht. Seidenpapier knittert schnell, Kreppapier dehnt sich, die meisten Buntpapiere brechen im Knick, und Servietten sind zu weich. Schreibpapier und Seiten aus deinem Schulheft sind dagegen gut geeignet, wenn du sie quadratisch zuschneidest, wie es dir die Abbildungen zeigen. Auch die schönen bunten Papiere für Geschenkverpackungen kannst du nehmen.

Am besten ist allerdings das Origami-Faltpapier. Es hat gewöhnlich eine weiße und eine farbige Seite. Dadurch erhalten viele Figuren ihren besonderen Reiz. Zudem ist es schon quadratisch zugeschnitten, und die Falten halten sehr gut.

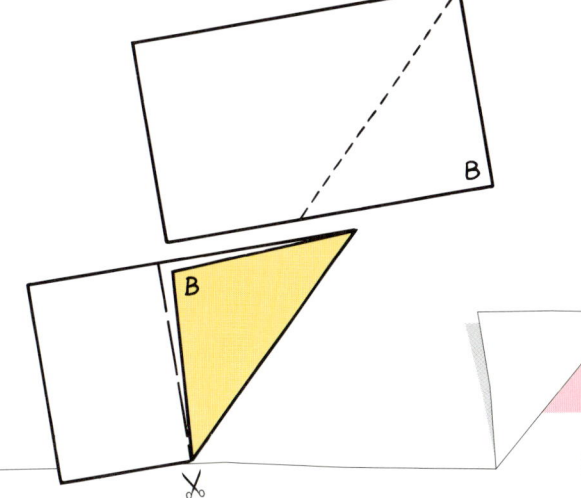

Zeichen

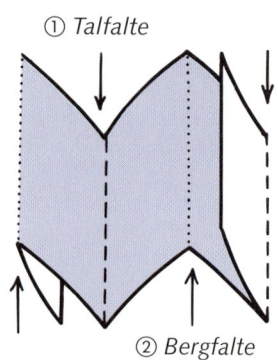

① *Talfalte*

② *Bergfalte*

Die Zeichnungen erzählen Geschichten, wenn du ihre verschiedenen Zeichen richtig lesen kannst.

① Strichlinien = Talfalte
Eine Talfalte wird nach vorn gefaltet. Wenn du sie wieder öffnest, liegt der entstandene Bruch tief wie ein Tal im Papier.

② Punktlinie = Bergfalte
Eine Bergfalte wird nach hinten gefaltet. Wenn du sie wieder öffnest, liegt der entstandene Bruch hoch wie ein Berggrat im Papier.

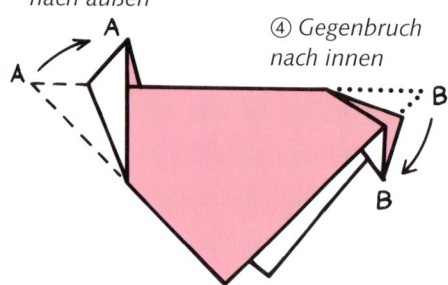

③ *Gegenbruch nach außen*

④ *Gegenbruch nach innen*

③ Strichlinie = Gegenbruchfalte nach außen
Lies dazu die ausführliche Erklärung auf S. 30.

④ Punktlinie = Gegenbruchfalte nach innen
Lies dazu die ausführliche Erklärung auf S. 28.

⑤ Strichpunktlinie = knicken
Hier machst du eine Falte, die du aber gleich wieder öffnest. Dadurch bekommst du eine Hilfslinie, die du zum Weiterfalten brauchst. Diese Hilfslinie nennt man einen Bruch.

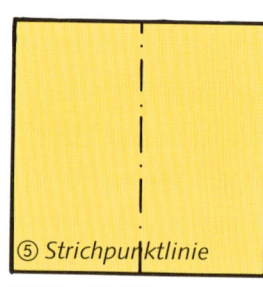

⑤ *Strichpunktlinie*

⑥ Unterbrochene Linie = Bruch
Siehe unter Strichpunktlinie.

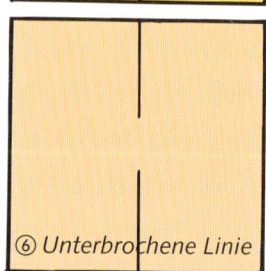

⑥ *Unterbrochene Linie*

⑦ Bogenpfeil = wenden
Hier sollst du deine Faltarbeit umwenden, so dass die bisher sichtbare Seite auf der Faltunterlage liegt.

⑦ *Bogenpfeil*

⑧ Große Buchstaben = Ecken und Spitzen
Jede Ecke und jede Spitze, die gefaltet werden soll, hat als Namen einen großen Buchstaben. Schreibe dir diese Buchstaben am Anfang direkt auf dein Faltblatt, dann hast du es leichter. Wenn ein Buchstabe in einem Kreis steht, bedeutet dies, dass die Ecke oder Spitze nicht zu sehen ist, weil sie hinten oder innen liegt.

⑧ *Große Buchstaben*

Dreieck-Grundform

Jede Origami-Figur entsteht aus einer Grundform. Diese erinnert an ein „Kopftuch". Damit du richtig in das Origami-Spiel hineinkommst, steht bei dieser ersten Grundform neben jeder Zeichnung ganz ausführlich die passende Faltanweisung.

Später ist sie nicht mehr so ausführlich, und du musst den Verlauf der Falt"geschichte" selbst entdecken. Nur wenn etwas Neues dazukommt oder eine Falte etwas schwieriger ist, steht die Anweisung wieder ausführlich neben der Zeichnung.

1. Lege dein Faltblatt mit der Farbseite auf den Tisch, und zwar genau wie in der Zeichnung. Die Ecke A liegt oben – sie zeigt von dir fort. Die Ecke C liegt unten, sie weist auf dich zu. Mach in der Strichlinie eine Talfalte. Eine Talfalte wird immer nach vorn gefaltet. Dabei gibt es zwei Möglichkeiten: Du kannst die Ecke A nach unten auf die Ecke C falten, aber genauso gut die Ecke C nach oben auf die Ecke A.

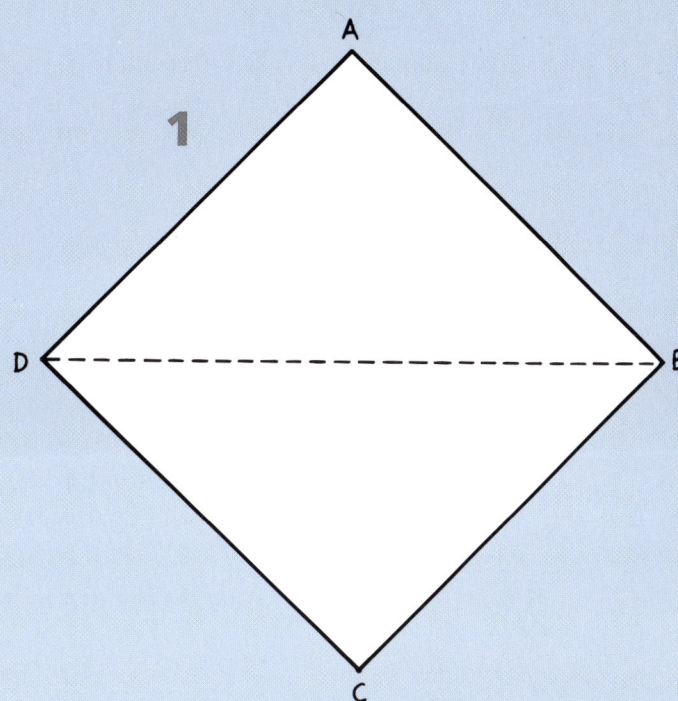

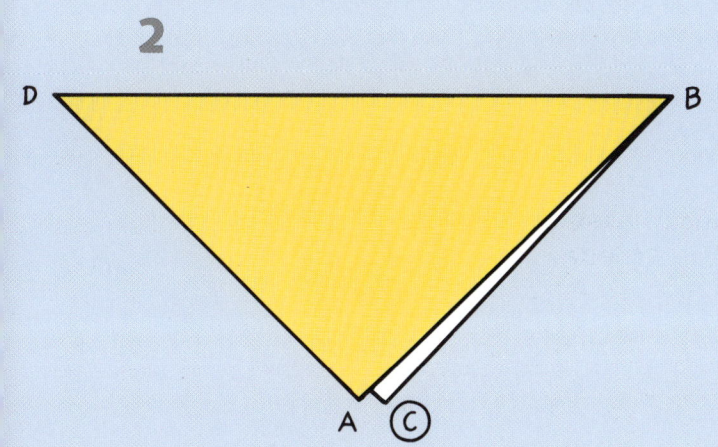

Um nun zu wissen, was hier gemeint ist, musst du die nächste Zeichnung anschauen. Da steht das C für die untere Ecke in einem Kreis. Dieser Kreis zeigt an, dass der so bezeichnete Teil nicht sichtbar ist, also hinten oder innen liegt. Deshalb musst du hier also die Ecke A nach unten auf die Ecke C falten.

2. Dies ist die Grundform.

Handpuppentheater

Dies ist sozusagen ein Musterbeispiel, bei dem du nicht nur das falten kannst, was die Zeichnungen dir vorgeben, sondern selbst eigene Figuren erfinden kannst.

Eigentlich würde das lustige Schweinchen als Beispiel genügen, aber es ist eine gute Gelegenheit, dir mit ein paar weiteren Figuren einige typische Origami-Falten zu zeigen.

Schweinchen

Das Schweinchen hat einen dicken Kopf, lustige Wipp-ohren und eine viereckige Schnauze.

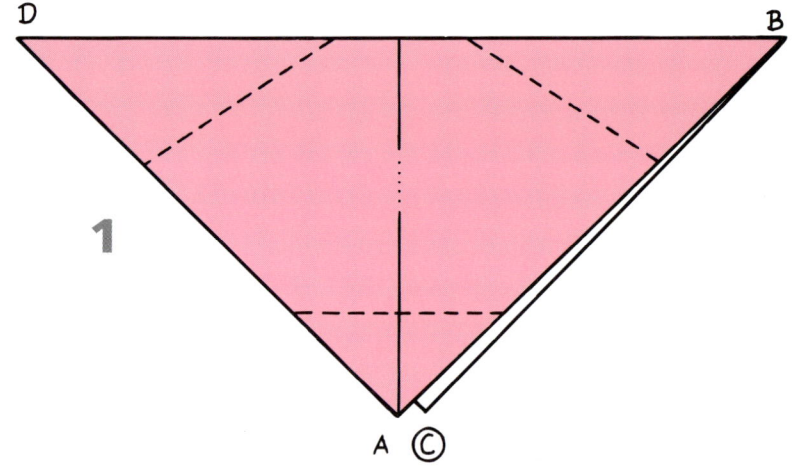

1. Falte die Dreieck-Grund-form.
In der Mitte der Zeichnung siehst du eine fast durch-gehende Linie. Sie ist das Zeichen für einen Bruch. Ein Bruch ist eine wieder geöff-nete Falte und dient meistens als Hilfslinie. Die drei Punkte in der Mitte der Linie bedeu-ten, dass der Bruch von einer Bergfalte stammt. Eine Berg-falte wird immer nach hinten gefaltet. Falte also die Spitze B nach hinten auf Spitze D und öffne die Falte wieder.

Die Ecken B und D haben ihre rechtwinklige Form ver-loren. Sie sehen jetzt spitz aus und werden deshalb auch Spitzen genannt. Durch das Falten solcher Spitzen bekommen die Figuren ge-

wöhnlich die gewünschte Form, wie du gleich sehen wirst. Mach in den Strich-linien bei den Spitzen B und D und der Ecke A Talfalten. Werfe vor dem Falten wieder einen Blick auf die nächste Zeichnung. Dort siehst du, dass aus den Spitzen B und D die Ohren entstehen. Mit Hilfe der Bruchlinie in der Mitte des Faltblatts kannst du sie ganz gleichmäßig in die gewünschte Lage falten.

Dabei kommt es nicht darauf an, ob sie weit auseinander stehen, gerade herunter-hängen oder abstehen. Das kannst du selbst festlegen.

Jetzt fehlt noch die Talfalte bei Ecke A. Schau wieder auf die nächste Zeichnung. Mit der Ecke A wird die Schnauze gefaltet. Wie groß sie sein soll, bleibt wieder dir über-lassen.

2. Mach bei den Spitzen B und D Talfalten. Durch diese Talfalten bringst du die Spitzen der Ohren nach oben, wie du es bei Abb. 3 siehst.

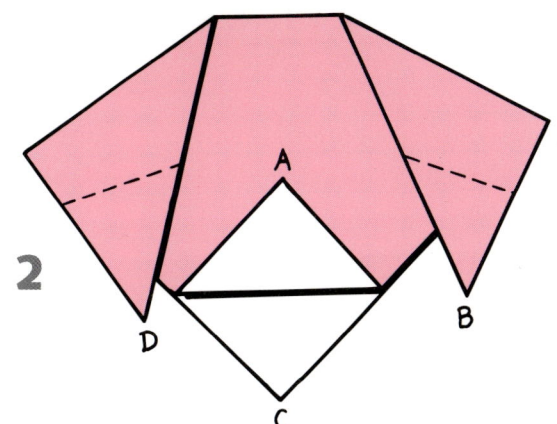

3. Dies ist deine erste Origami-Figur, die du auch mit Buntstiften weiter gestalten kannst.

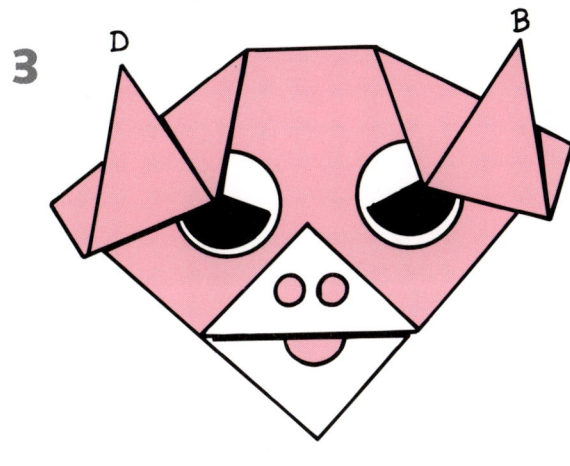

4. So sieht das Schweinchen von hinten aus. Für das Handpuppenspiel schneidest du in die hintere Papierlage einen Schlitz für den Zeigefinger. Wenn das Schweinchen seine Schnauze auf- und zumachen soll, streichst du die Mittelfalte vorn und hinten nochmals gut als Bergfalte ein, hältst den Kopf mit beiden Daumen und Zeigefingern bei den Kreuzen hinter den Ohren und führst die Hände dann aufeinander zu und wieder auseinander.

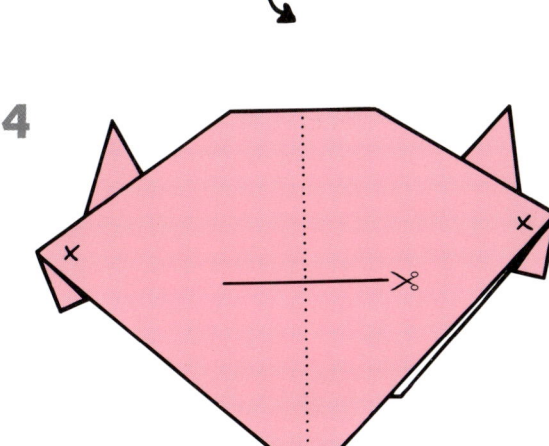

Nun beginnt das Origami-Spiel. Schließlich gibt es viele Köpfe: dicke, runde, lange, schmale, Katzenköpfe, Hundeköpfe, Köpfe mit Stehohren und mit Hängeohren, mit großem und mit kleinem Maul, Vogelköpfe und noch ganz andere lustige oder komische Fantasieköpfe.

Die Grundform ist immer gleich, aber du kannst die Spitzen B und D nach vorn und nach hinten, nach oben und unten, nach innen und außen falten – da gibt es beinahe unendlich viele Möglichkeiten. Aber weil wir noch beim Musterbeispiel sind, folgen weitere Anregungen.

Pudel

Der Pudel hat lange Hänge-ohren und ein breites Gesicht. Zu der Zeichnung 1 brauchst du keine Anleitung mehr, weil du sie schon kennst.

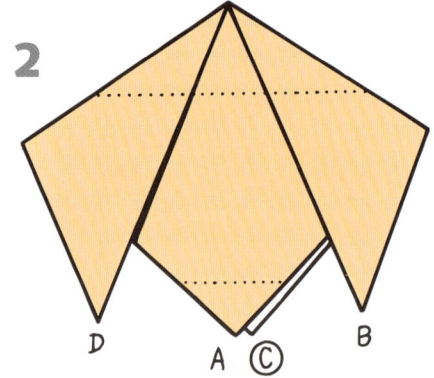

2. Mache in den punktierten Linien Bergfalten. Eine Bergfalte wird immer nach hinten gefaltet. In der Zeichnung 3 siehst du, wie es aussehen muss. Natürlich kannst du bei einer Bergfalte die ganze Arbeit umdrehen, damit es leichter geht. Nur musst du dein Faltblatt nachher wieder richtig hinlegen, sonst stimmt es nicht mehr mit der Zeichnung überein. Die Ecken A und C faltest du nicht zusammen nach hinten, sondern jede Ecke für sich nach innen. Meistens werden Doppellagen nicht zusammengefaltet, sondern vorn und hinten getrennt, aber sonst genau gleich. Auch dazu kannst du die Faltarbeit umdrehen.

Katze

Die Katze hat einen breiten, dreieckigen Kopf und spitze, ganz außen sitzende Ohren. Falte hier bei der Grundform die Ecke C auf die Ecke A und bei Abb. 2 die Ecken C und A zusammen und drehe deine Faltarbeit dann um.

Für das Handpuppenspiel musst du bei dieser Figur ausnahmsweise etwas Klebstoff benutzen, damit sich die Falten beim Aufstecken auf den Finger nicht öffnen.

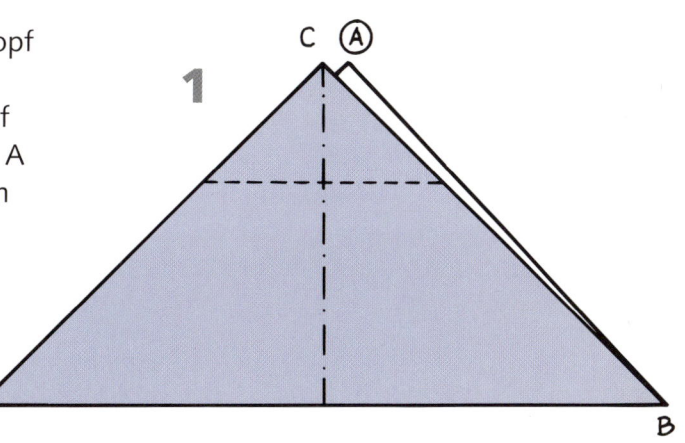

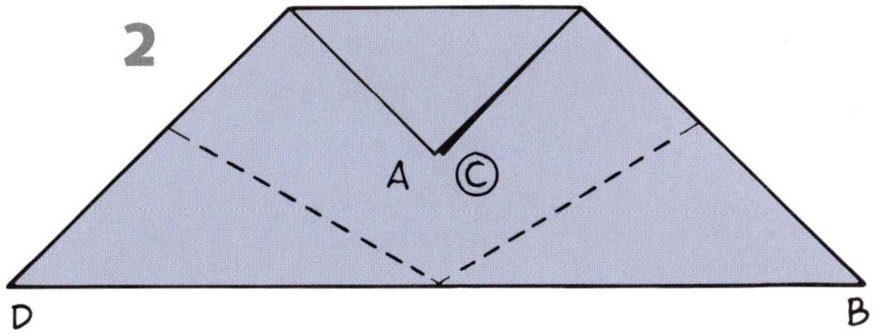

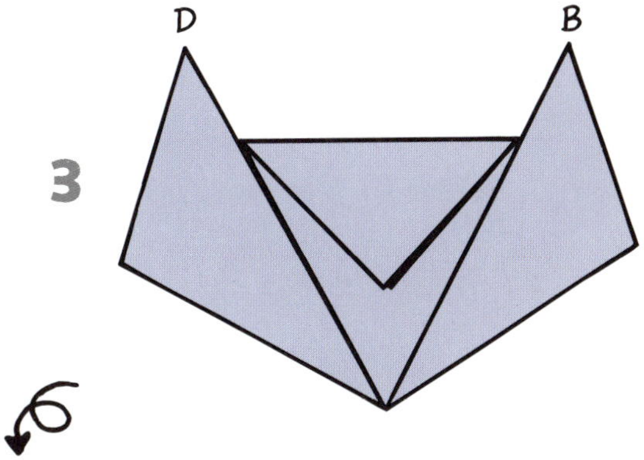

Elefant

Der Elefant hat außer den beiden Ohren
auch noch einen langen Rüssel. Du kommst
also nicht mit zwei faltbaren Spitzen aus,
sondern brauchst drei. Wie du die dritte
erhältst, zeigen dir die Zeichnungen. Bei den
Abb. 1 und 2 faltest du nur Hilfslinien. Bei der
Falte in Abb. 3 muss der Punkt E genau auf
der Hilfslinie X liegen.

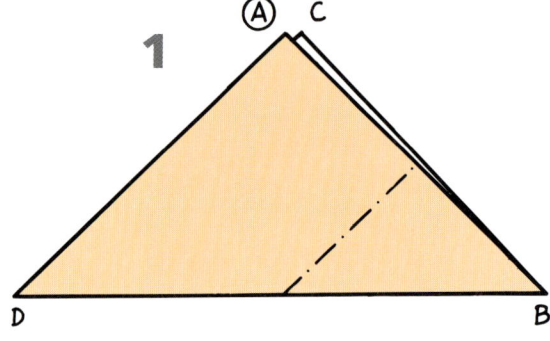

1. Falte die Spitze B
auf Ecke C, öffne.

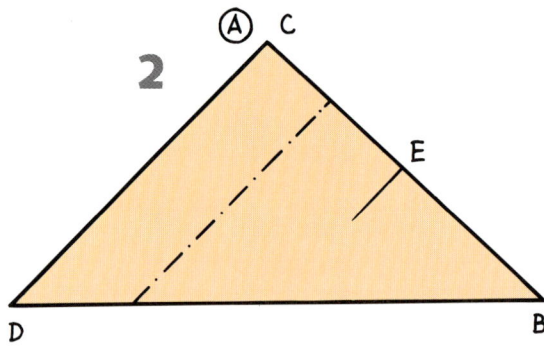

2. Falte die Ecken A–C
auf Punkt E, öffne.

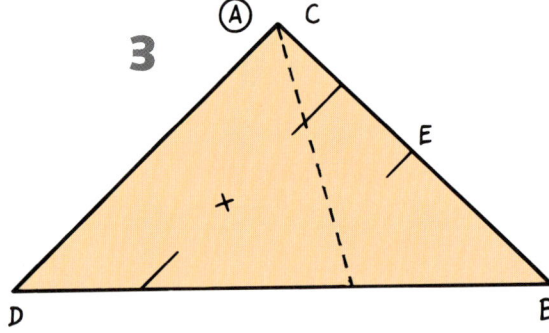

3. Falte Punkt E in der
gestrichelten Linie auf X.

4. Mache eine Talfalte
in der gestrichelten
Linie.

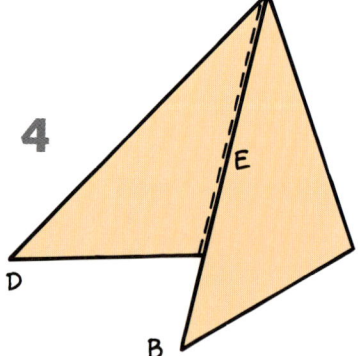

5. Falte die Spitzen B und D mit einer Talfalte in der gestrichelten Linie nach oben.

6. Bringe Spitze A–C durch eine Talfalte in der gestrichelten Linie nach unten.

Wenn du den Rüssel nicht nach unten faltest (Abb. 6), hast du keinen Elefanten, sondern einen lustigen Hut für einen Kasper.

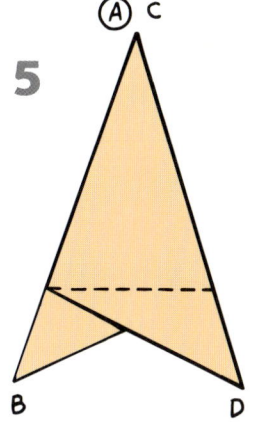

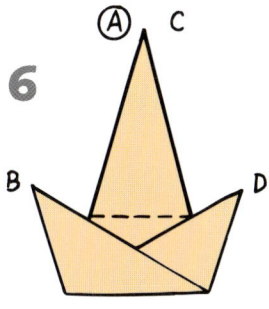

Nützliches

Vielleicht gehörst du zu den Leuten, die immer etwas Praktisches machen möchten. Auch das geht mit der Dreieck-Grundform. Bisher hast du die Ecken und Kanten des Faltpapiers hauptsächlich dazu benutzt, den Figuren ein bestimmtes Aussehen zu geben.

Bei den folgenden Figuren werden sie nicht nach außen, sondern auf das Faltblatt gefaltet und geben so den Modellen Halt und Festigkeit. Sie umschließen den Mittelteil des Papiers und es entsteht eine Art Tüte. Die einfachste Form dieser Technik ist der Becher.

Becher

Du kannst aus dem Becher trinken, etwas darin aufbewahren, ein Fangspiel daraus machen oder ihn auf den Kopf stülpen. Ein Quadrat aus einem Bogen Zeitungspapier hat für so einen Hut etwa die richtige Größe.

1. Falte die Dreieck-Grundform. Die eingezeichnete, fast durchgehende Linie bezeichnet einen Knick. Falte also die Ecken A und C an die Bruchkante. Sieh dir die nächste Zeichnung an, dann weißt du, wie das Faltblatt aussehen muss.

2. Öffne die Falte wieder. Auf der Kante A–B hast du jetzt den Punkt X.

3. Zur Erinnerung: Gestrichelte Linie = Talfalte, die immer nach vorn gefaltet wird. Punktierte Linie = Bergfalte, die immer nach hinten gefaltet wird. Hier musst du die Spitze D durch eine Talfalte auf Punkt X falten und die Spitze B durch eine Bergfalte nach hinten auf die neu entstandene Ecke. Für diese Bergfalte kannst du das Blatt auch umdrehen und auf der Rückseite eine Talfalte machen. Anschließend musst du das Faltblatt aber wieder wenden und richtig hinlegen (Abb. 4).

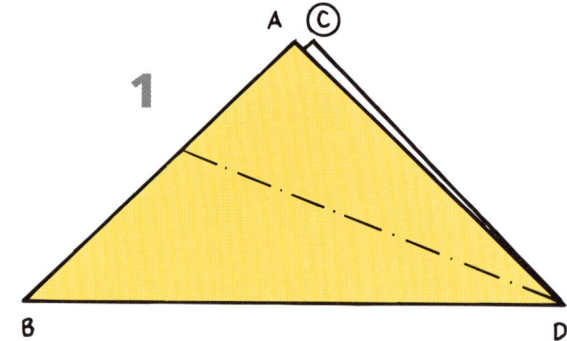

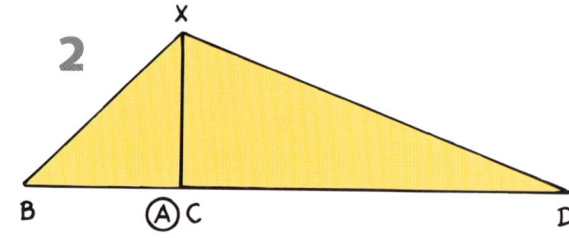

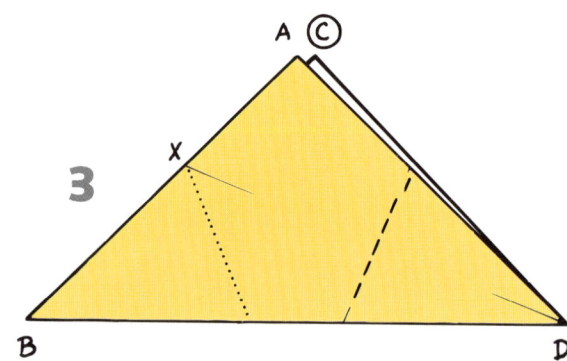

4. Stecke Ecke A vorn in Spitze D. Stecke Ecke C hinten in Spitze B.

Und nun beginnt wieder das Origami-Spiel, bei dem du die bekannten Falten immer wieder leicht abwandelst, so dass ganz neue Figuren entstehen. Dazu ein paar Anregungen:

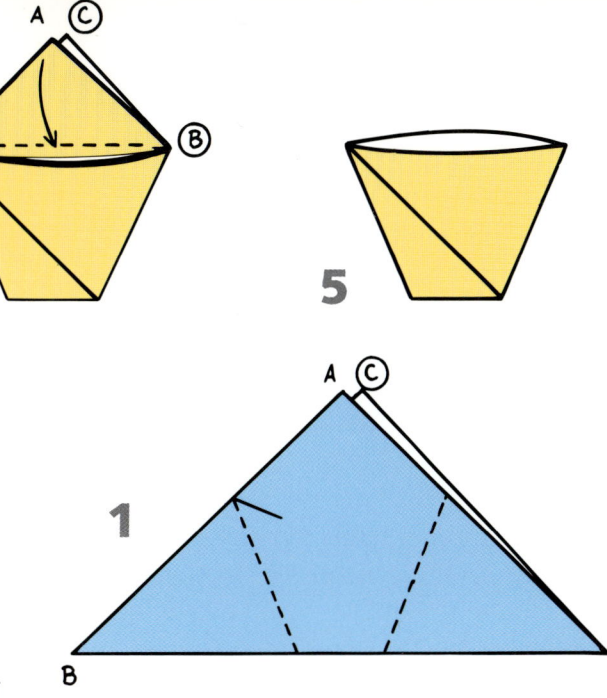

Geldbeutel

Der Geldbeutel ähnelt dem Becher sehr, nur werden dabei beide Spitzen, also B und D, nach vorn gefaltet und die Ecke A in die oben liegende Spitze gesteckt. Nun kannst du Geld hineinstecken, und wenn du die Ecke C in die gleiche Spitze steckst, ist dein Geld gut verwahrt. Du kannst dieses Modell auch größer und aus Kartonpapier falten, es mit der Ecke C an die Wand hängen und allerlei Kleinkram darin unterbringen.

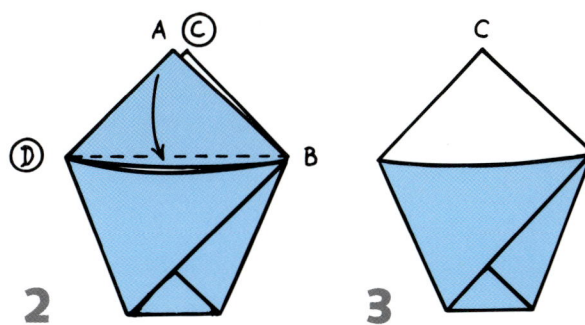

Körbchen

Das Körbchen beginnt mit der Abb. 4 vom Becher. Beim nächsten Arbeitsgang brauchst du ausnahmsweise eine Schere und dann geht es weiter wie beim Becher.

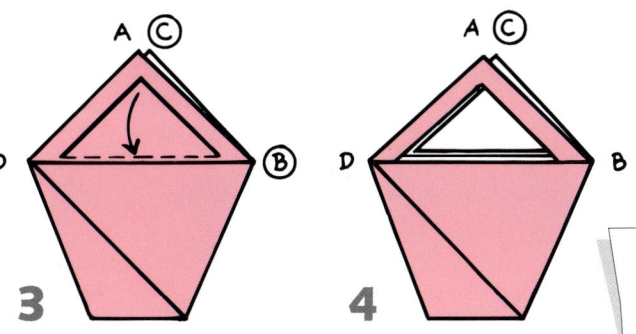

15

Segelregatta

Ein lustiges Wettspiel für die Geburtstags-
party. Der blanke Fussboden oder die glatte
Tischplatte wird zum See und die Schiffe sind
im Nu fertig. Nimm für jedes eine andere
Farbe oder klebe bunte Fähnchen an. Du
kannst vielleicht auch die Namen deiner
Freunde auf die Segel schreiben. Wenn du
beim Falten der Grundform die weiße Seite
des Papiers nach oben legst, werden das
Segel weiß und der Bootskörper farbig. Jeder
Teilnehmer setzt sein Schiff vor sich auf die
Regattafläche und treibt es durch kräftiges
und gezieltes Pusten vorwärts.

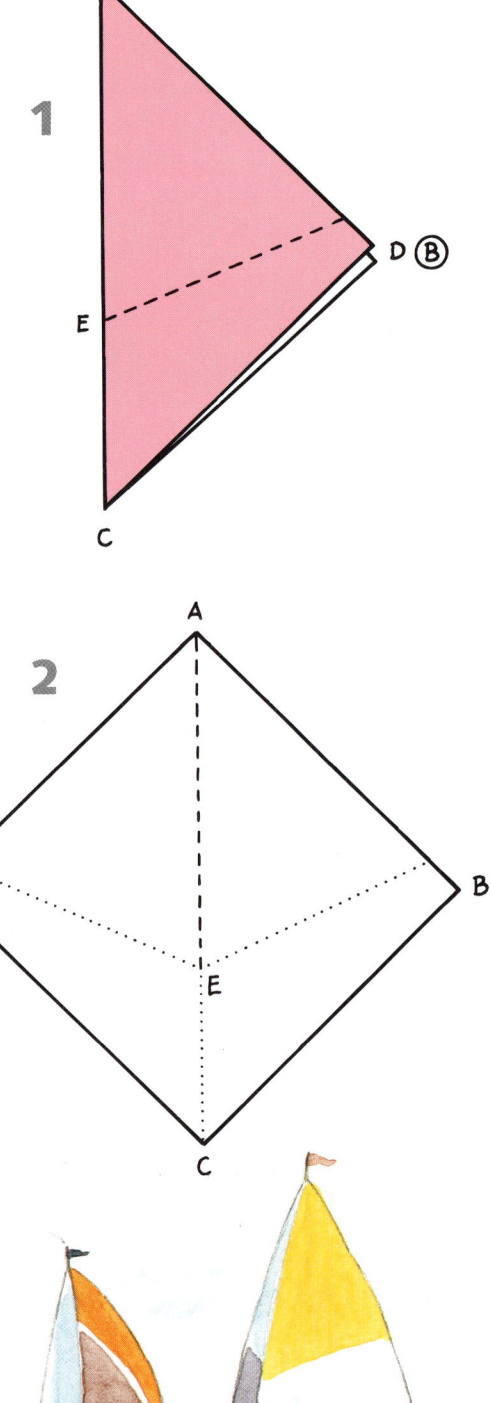

Segelboot

1. Mach in der gestrichelten Linie eine Gegenbruchfalte nach außen. Dazu machst du
zuerst eine ganz normale Talfalte und siehst
dir dabei die Zeichnung 3 an, damit du weißt,
wo die Spitze C hin soll.

2. Wenn du alle Falten öffnest, hast du auf
der weißen Seite von A zu C eine Talfalte.
Von Punkt E geht auf Ecke B eine Talfalte
weg, nach links auf Spitze D eine Bergfalte.
In Abb. 2 siehst du, dass du die Talfalte in
eine Bergfalte verwandeln musst, ebenso die
Falte von E zu C.

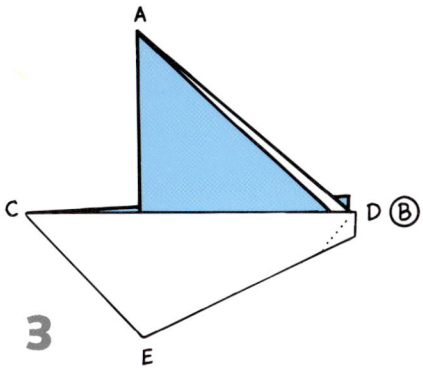

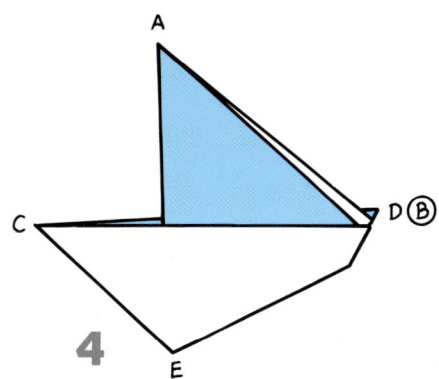

3. Legst du die Ecke D wieder auf die Ecke B, so klappt die Mittelbruchfalte von Spitze D bis Punkt E von allein um, so dass der obere Teil des Faltblatts – das Segel – im unteren Teil – dem Boot – steht. Dies ist der ganze Trick bei der Gegenbruchfalte nach außen.

Düsenflugzeug

Das Düsenflugzeug ist etwas für die Faltmeister unter euch, denn ihr müsst euch die Faltanweisungen selbst ausdenken. Nur die Abb. 6 wird erklärt, weil dort etwas Neues dazukommt.

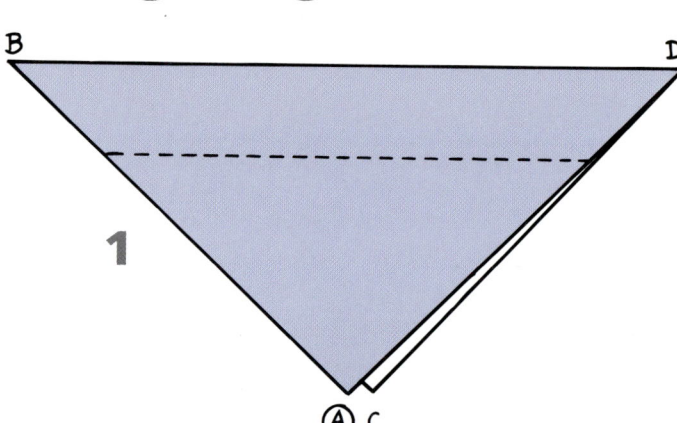

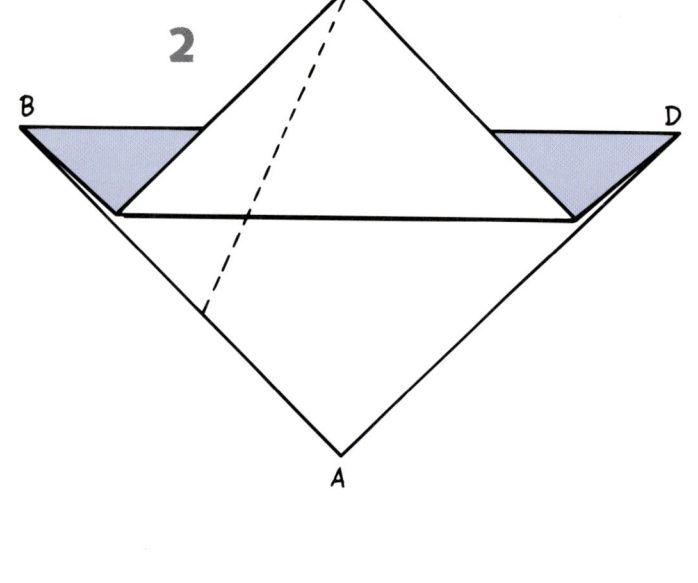

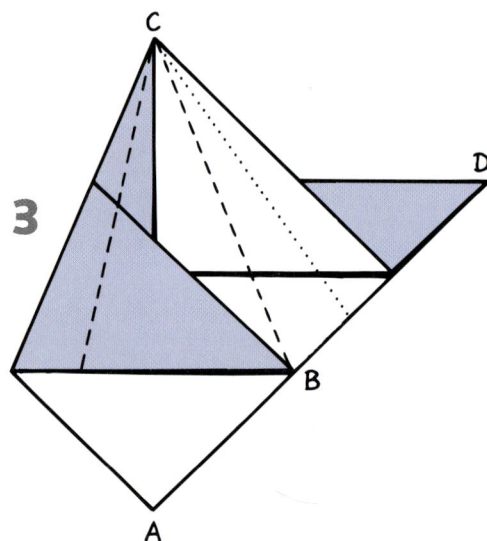

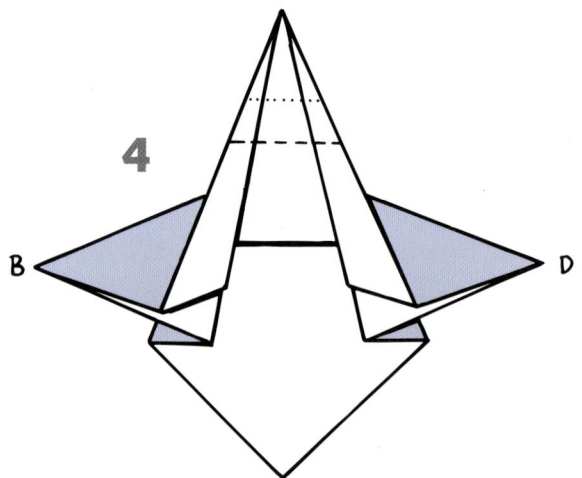

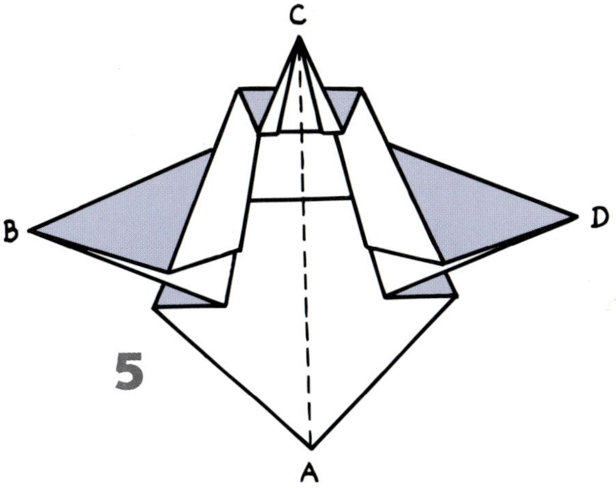

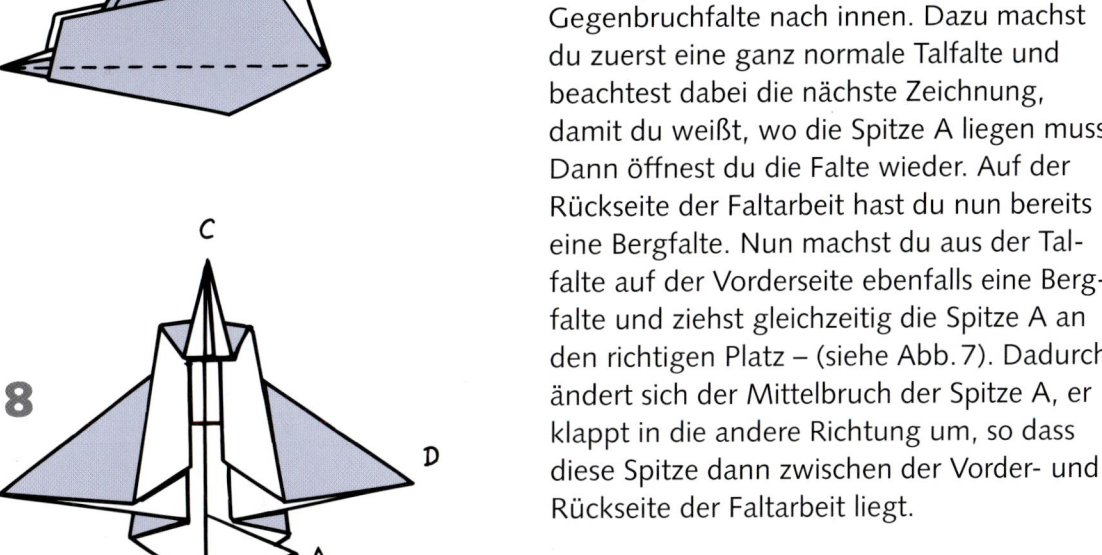

5

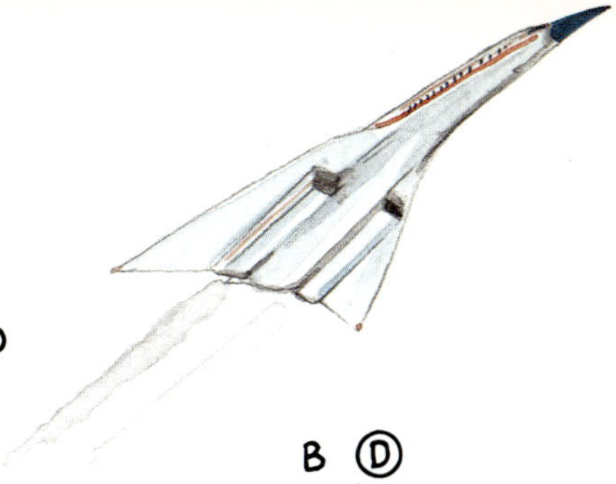

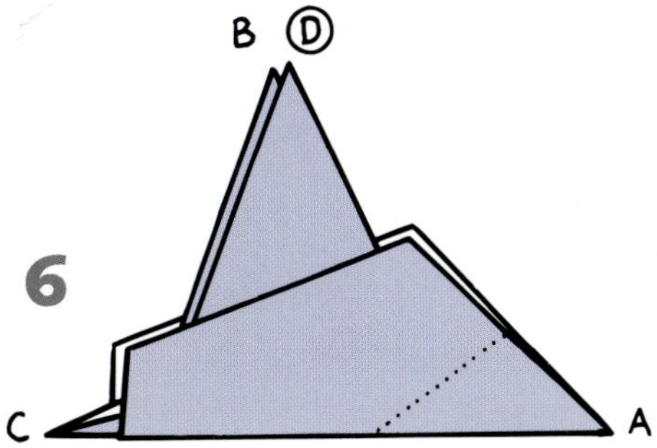

6

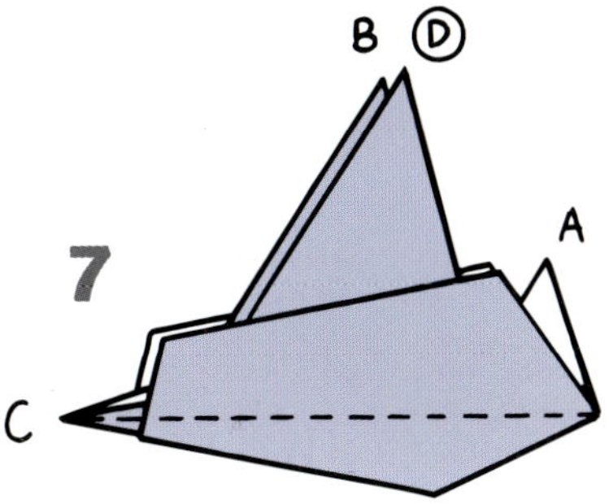

7

6. Die punktierte Linie kennzeichnet eine Gegenbruchfalte nach innen. Dazu machst du zuerst eine ganz normale Talfalte und beachtest dabei die nächste Zeichnung, damit du weißt, wo die Spitze A liegen muss. Dann öffnest du die Falte wieder. Auf der Rückseite der Faltarbeit hast du nun bereits eine Bergfalte. Nun machst du aus der Tal-falte auf der Vorderseite ebenfalls eine Berg-falte und ziehst gleichzeitig die Spitze A an den richtigen Platz – (siehe Abb. 7). Dadurch ändert sich der Mittelbruch der Spitze A, er klappt in die andere Richtung um, so dass diese Spitze dann zwischen der Vorder- und Rückseite der Faltarbeit liegt.

8

Hutparade

Mit Figuren dieser Grundform kannst du für jeden deiner Freunde einen anders aussehenden Hut falten. Den Becher (von S. 15) drehst du einfach um, und schon hast du den schönsten Türkenfez. Aus dem Elefantenkopf (von S. 13) wird ein spitzer, hoher Hut.

Hüte aus ganz kleinen Faltblättern – etwa 8 x 8 cm – kannst du auf deine Finger stecken und damit ein lustiges Theaterspiel aufführen. Wie viele Hüte du wohl selbst erfinden kannst? Hier sind ein paar Anregungen mit Erläuterung.

Hut

1. Falte zuerst den Becher von S. 14 bis Abb. 4 und drehe das Faltblatt dann in die hier gezeigte Lage. Falte Ecke A und C vorn und hinten auf die Arbeit.

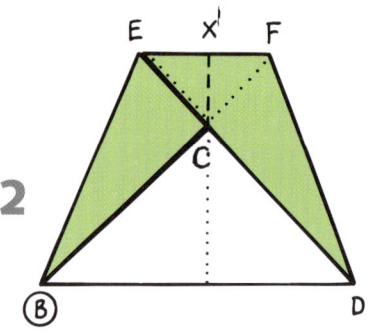

2. Fasse den Hut mit Daumen und Zeigefinger einer Hand bei den Ecken B und D. Drücke die Finger gegeneinander, so dass D auf B liegt. Drücke dann mit der anderen Hand den Punkt X nach innen in den Hut, so dass Ecke F auf Ecke E liegt. Streiche alle Falten gut ein.

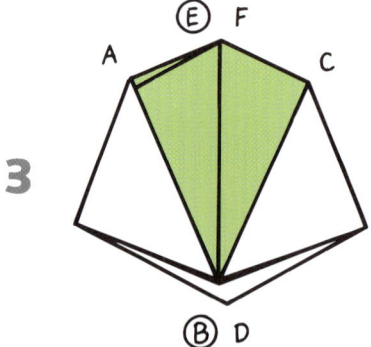

20

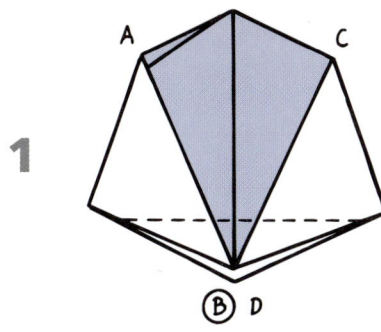

1

Admiralshut

1. Falte den Hut. Falte die Ecken D und B vorn und hinten in der gestrichelten Linie auf die Arbeit.

2. Fasse die Ecken A und C und ziehe sie nach rechts und links.

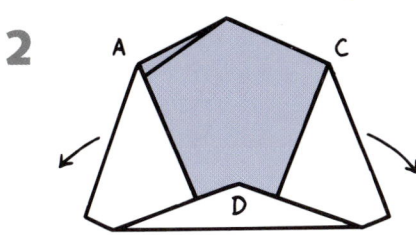

2

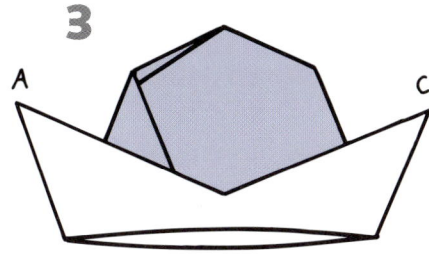

3

Ritterhelm

1. Falte den Geldbeutel (von S. 15). Wende ihn und drehe ihn in die hier gezeigte Lage. Falte die Ecke C in der gestrichelten Linie auf die Arbeit.

3. Falte wie in Abb. 2 beim Hut beschrieben.

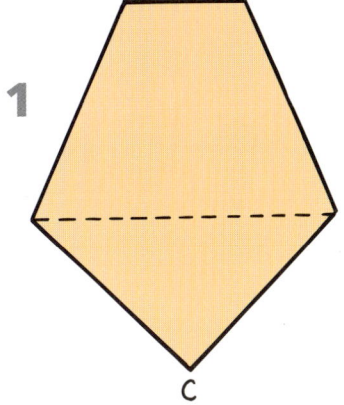

1

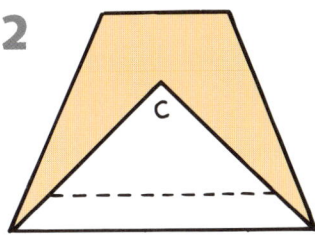

2

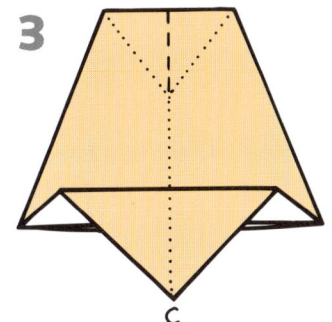

3

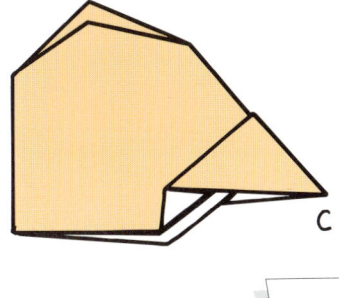

4

Samurai-Helm

1. Falte die Dreieck-Grundform und knicke den Mittelbruch. Dazu faltest du Spitze D auf Spitze B, streichst die Falte ein und öffnest sie wieder. Mache in der punktierten Linie eine Bergfalte. Dazu wendest du das Blatt um, machst in der Linie eine Talfalte und wendest das Faltblatt wieder zurück.

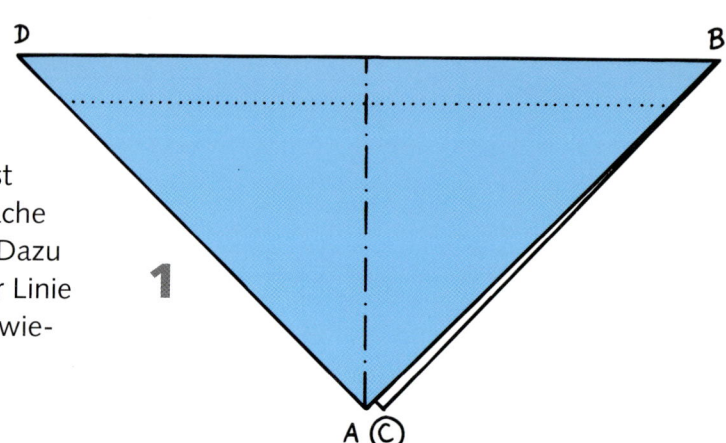

2. Mache bei den Spitzen B und D in den gestrichelten Linien Talfalten. Am besten presst du den Daumennagel einer Hand an der oberen Kante auf den Mittelbruch und ziehst mit der anderen Hand die Spitze B nach unten zur Ecke A, bis die Bruchkante direkt am Mittelbruch liegt. Dann faltest du auch die andere Spitze auf die Ecke A. Die Abb. 3 zeigt, wie die Arbeit dann aussieht.

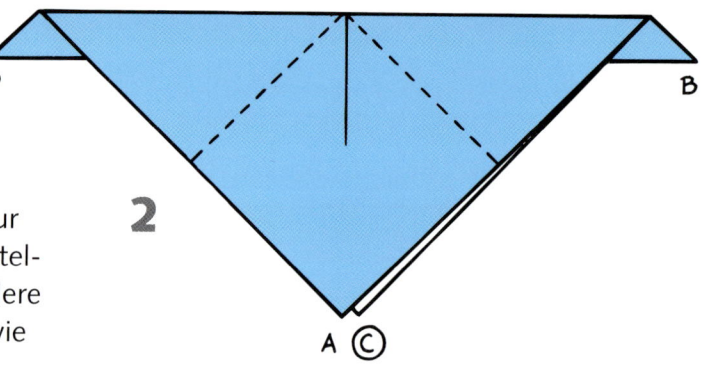

3. Falte die Spitzen B und D in der gestrichelten Linie nach oben.

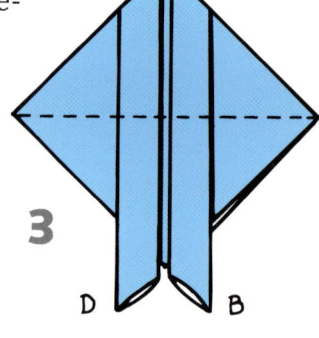

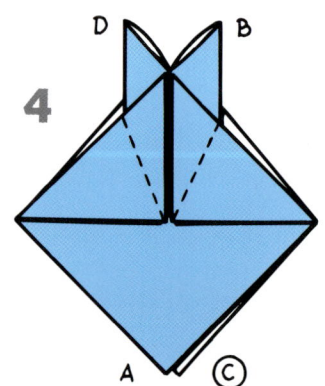

4. Mache bei den Spitzen B und D in den gestrichelten Linien Talfalten. Zwischendurch ein guter Rat: Falte nie in der Luft, sondern auf einer festen Unterlage. Und beachte immer die nächste Zeichnung!

5. Falte Ecke A in der gestrichelten Linie nach oben.

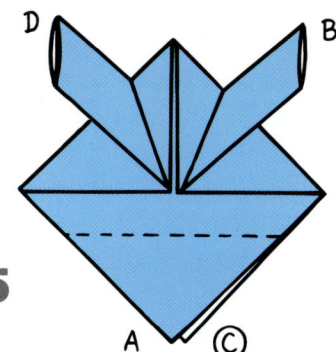

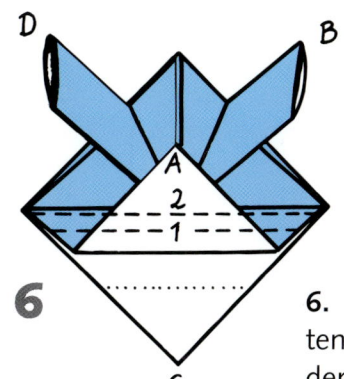

6. Mache zuerst eine Talfalte in der gestrichelten Linie 1 und dann nochmals eine Talfalte in
der gestrichelten Linie 2. In der punktierten
Linie faltest du die Ecke C nach hinten.

7. Wende die Arbeit
um, indem du die
bisherige Vorderseite
auf den Tisch legst.

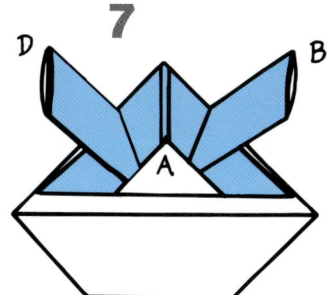

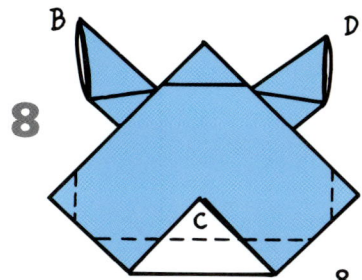

8. Mache in allen gestrichelten Linien Talfalten.

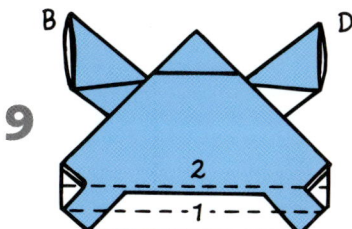

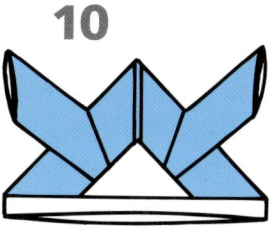

9. Mache in den Linien 1 und 2
nacheinander Talfalten.

Hasenmütze

Die Faltbeschreibung für die Ausgangsfigur (Abb. rechts) kennst du schon; du faltest einfach den Samurei-Helm bis Abb. 5. Wie die Hasenmütze dann weitergeht, musst du nach den Abbildungen selbst herausfinden.

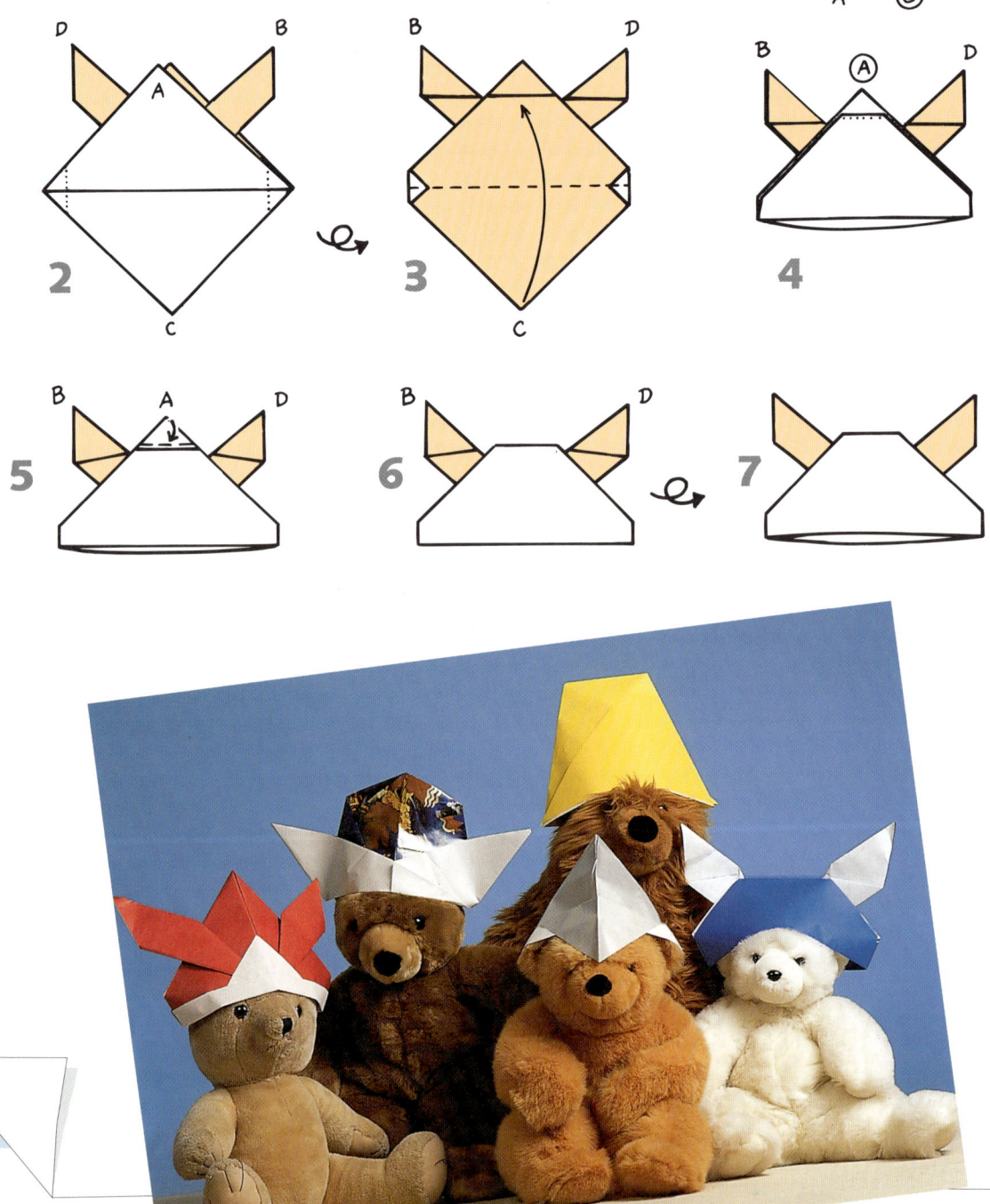

24

Drachen-Grundform

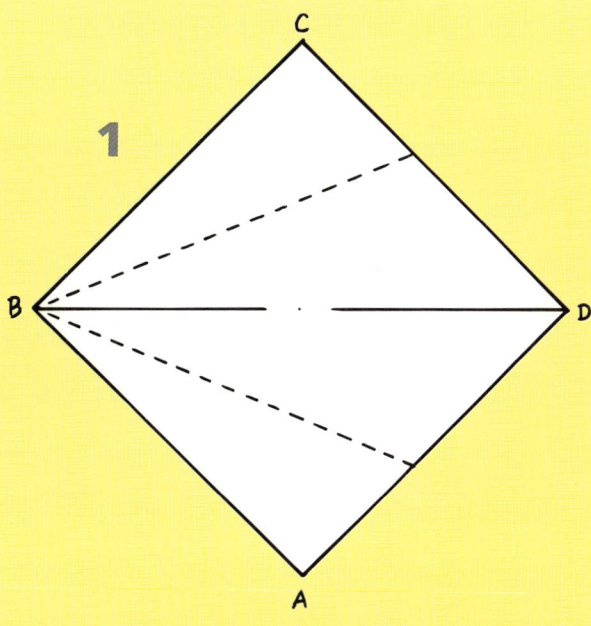

1. Falte zuerst die Dreieck-Grundform, öffne sie aber wieder. Jetzt hast du als Hilfslinie einen diagonalen Mittelbruch, der durch das Faltblatt läuft. Falte die Ecken A und C in den eingezeichneten Talfalten an diesen Mittelbruch, und schon ist die Drachen-Grundform fertig.

2. An einer etwa 3 m langen, dünnen Schnur, die du wie in Abb. 2 befestigst, tanzt und wirbelt der kleine Drachen beim Laufen lustig hinter und über dir in der Luft. Du machst diesen Drachen am besten aus einem festen, etwa 30 x 30 cm großen Faltblatt.

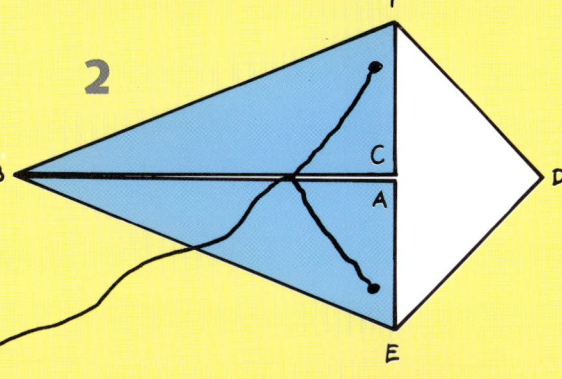

3. Wenn du das Faltblatt im Mittelbruch zusammenfaltest, wird das noch deutlicher. Aus dem Drachen wird der Pfeil.

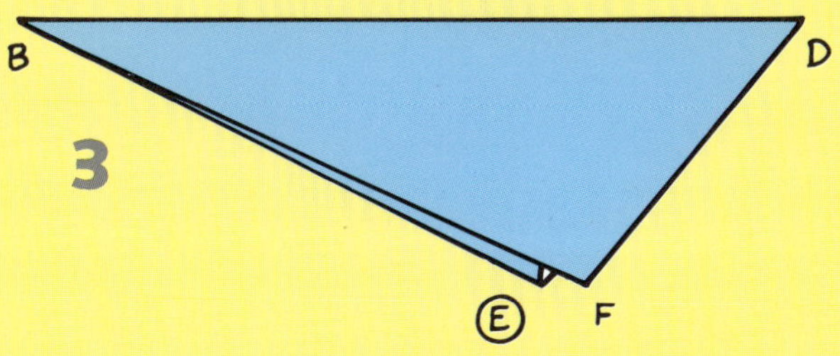

Vogelspiel

Vogelschwarm

Vorbild für alle von Menschen entworfenen Flugmodelle sind die Vögel. So braucht es nicht zu wundern, dass sich diese langgestreckte Grundform auch besonders gut zum Falten von Vögeln eignet.

Für den Vogelschwarm brauchst du außer dem Faltpapier einen großen Bogen weißes Papier und Buntstifte oder Buntpapier. Eine Anleitung brauchst du dagegen nicht.

Du faltest einfach mehrmals die Drachen-Grundform und diese dann im Mittelbruch zum Pfeil. Diese Pfeile legst du auf den weißen Papierbogen und faltest nun die Spitzen B und D immer wieder in verschiedene Richtungen und Lagen. Dabei drehst du das Faltblatt hin und her, bis du einen Vogel darin entdeckst. Mit Buntstiften oder Buntpapier kannst du diesen Figuren noch mehr Ausdruck geben.

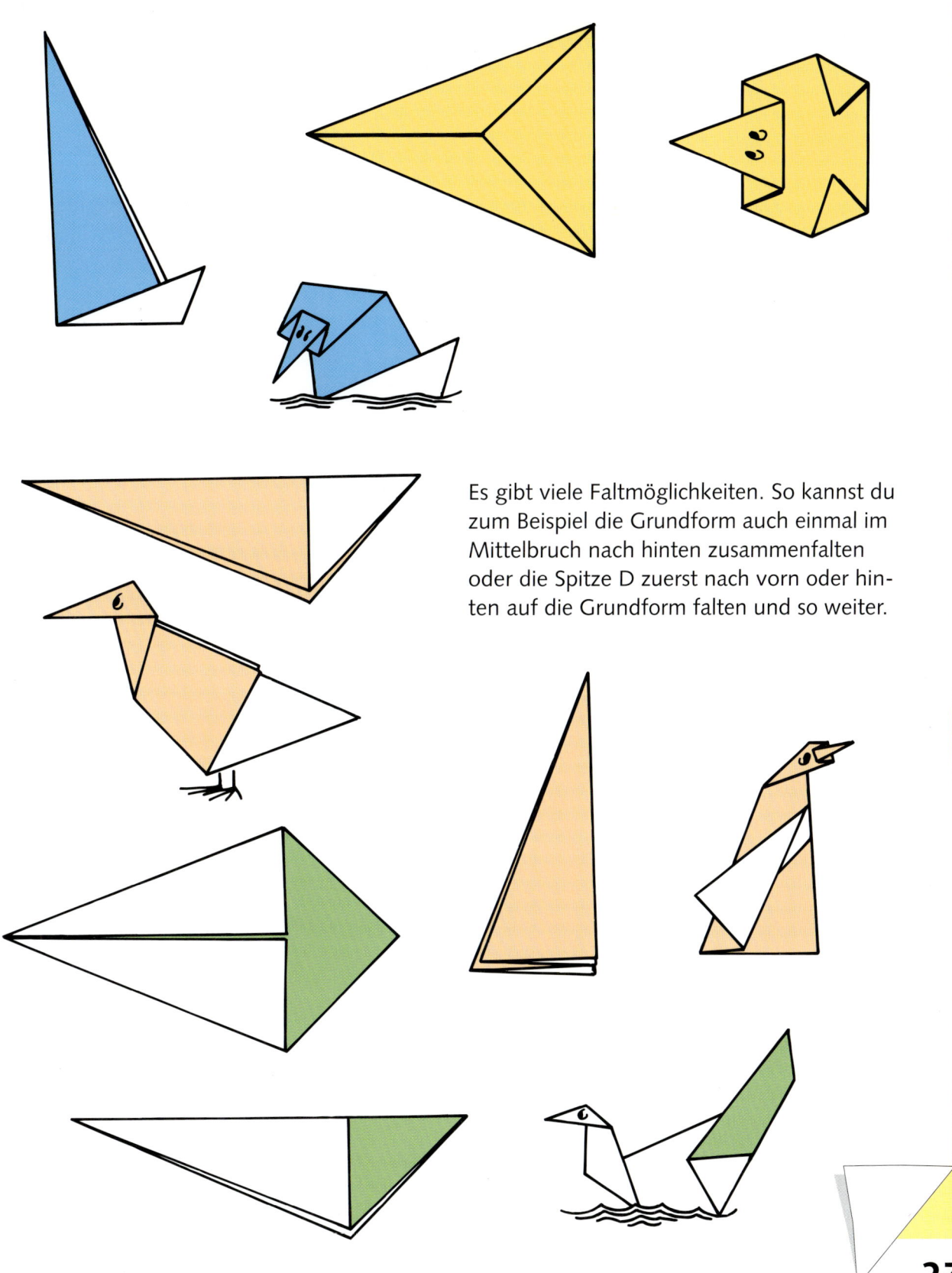

Es gibt viele Faltmöglichkeiten. So kannst du zum Beispiel die Grundform auch einmal im Mittelbruch nach hinten zusammenfalten oder die Spitze D zuerst nach vorn oder hinten auf die Grundform falten und so weiter.

Gegenbruchfalten

Dieser Origami-Trick ist es, der deine Origami-Vögel auf so wundersame Weise verwandelt, dass sie plötzlich plastisch sind und stehen können. Es gibt Gegenbruchfalten nach innen und nach außen. Beide kannst du jedoch nur machen, wenn deine Arbeit einen Mittelbruch hat.

Pickende Krähe
Die Krähe ist eine leichte Übungsfigur für die Gegenbruchfalte nach innen.
Setze die fertige Krähe so auf den Tisch, dass der Schnabel die Tischplatte berührt und der Schwanz in die Höhe steht. Durch Tippen auf den Schwanz fängt die Krähe an zu picken.

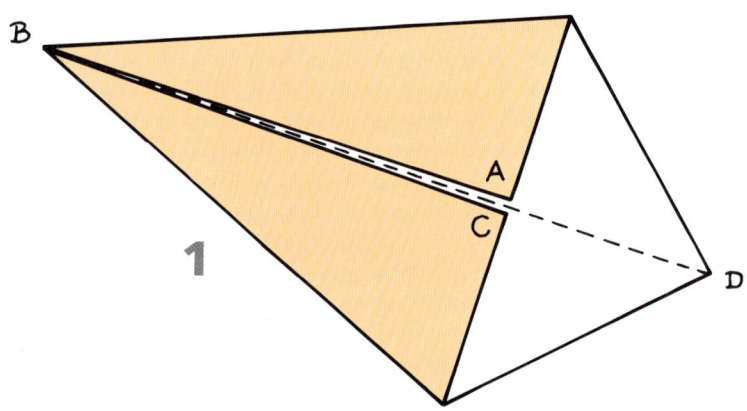

1. Falte zuerst die Drachen-Grundform und daraus durch eine Talfalte im Mittelbruch den Pfeil.

Die Gegenbruchfalte nach innen
Hier geht es darum, einen bestimmten Teil oder eine Spitze zwischen die Vorderseite und die Rückseite der Faltarbeit zu bringen. Du kannst es selbst ausprobieren: Es klappt nur, wenn du in Richtung auf die offene Seite der Faltarbeit faltest! In der Zeichnung wird die Gegenbruchfalte nach innen durch eine Punktlinie dargestellt, weil sie durch Bergfalten entsteht. Du siehst also, wie wichtig es ist, dass du dir immer die folgende Zeichnung anschaust, wenn du einer Faltanweisung folgst. Denn nur dadurch erkennst du, ob du eine einfache Bergfalte oder eine Gegenbruchfalte nach innen machen musst. So eine Gegenbruchfalte kannst du auch nachträglich noch verändern. Dazu hältst du das Blatt fest und ziehst die Spitze B in die gewünschte Lage und streichst die Falte neu ein.

2. Falte die Spitze B auf der Arbeit in die gewünschte Lage (Abb. 2a). Wenn du diese Falte wieder öffnest, hast du hinten eine Bergfalte und vorn eine Talfalte (Abb. 2b). Aus dieser Talfalte machst du nun ebenfalls eine Bergfalte (Abb. 2). Beinahe von allein klappt dann der Mittelbruch von Spitze B bis zum Punkt X in die andere Richtung um. Das ist schon der ganze Trick. Die Krähe pickt eifrig Krümel auf, wenn du auf ihren Schwanz tippst.

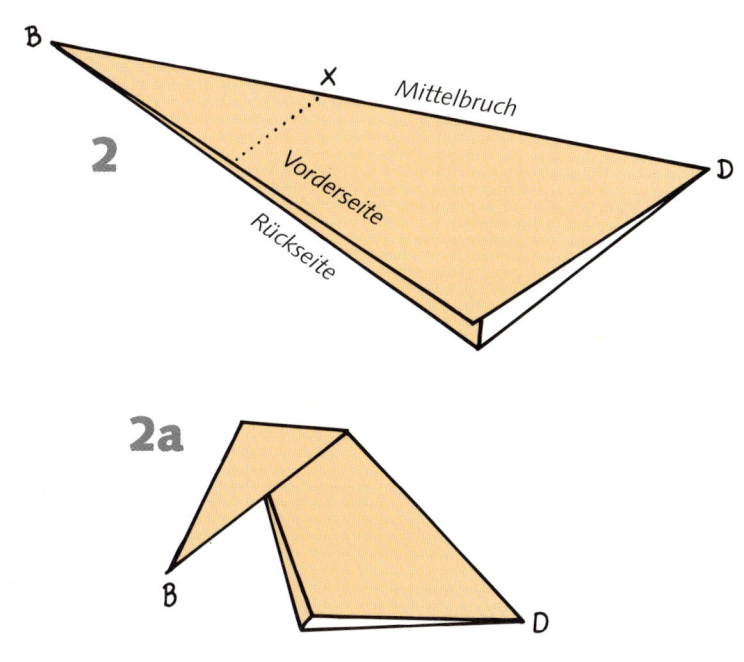

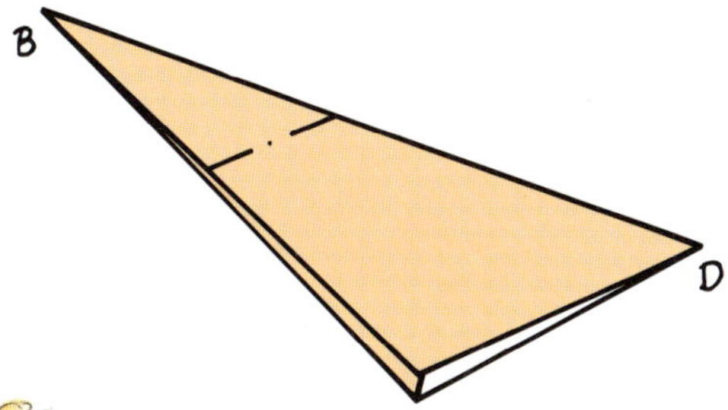

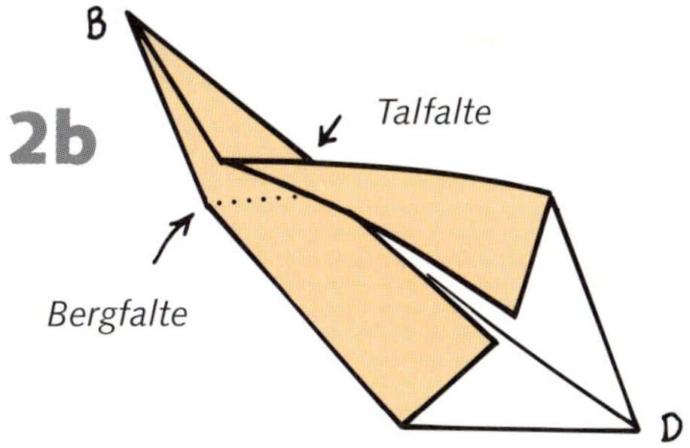

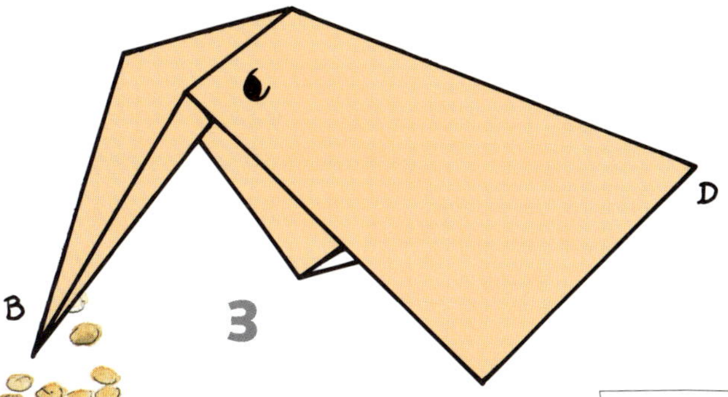

2 · Mittelbruch · X · Vorderseite · Rückseite · B · D

2a · B · D

2b · B · Talfalte · Bergfalte · D

B · D

3 · B · D

Ente

Bei der Ente kannst du die Gegenbruchfalten nach innen wie nach außen üben, denn beide brauchst du bei Origami immer wieder.

1. Falte die Drachen-Grundform und daraus durch eine Talfalte im Mittelbruch den Pfeil.

2. Falte dann zunächst die Spitze B auf der Arbeit in die gewünschte Lage (Abb. 2a) und öffne diese Falte wieder. Im Knick hast du vorn wieder eine Talfalte und auf der Rückseite eine Bergfalte (Abb. 2b). Aus dieser Bergfalte machst du nun ebenfalls eine Talfalte. Dabei klappt der Mittelbruch von der Spitze B bis zum Punkt X in die andere Richtung; schon ist die Gegenbruchfalte nach außen fertig.

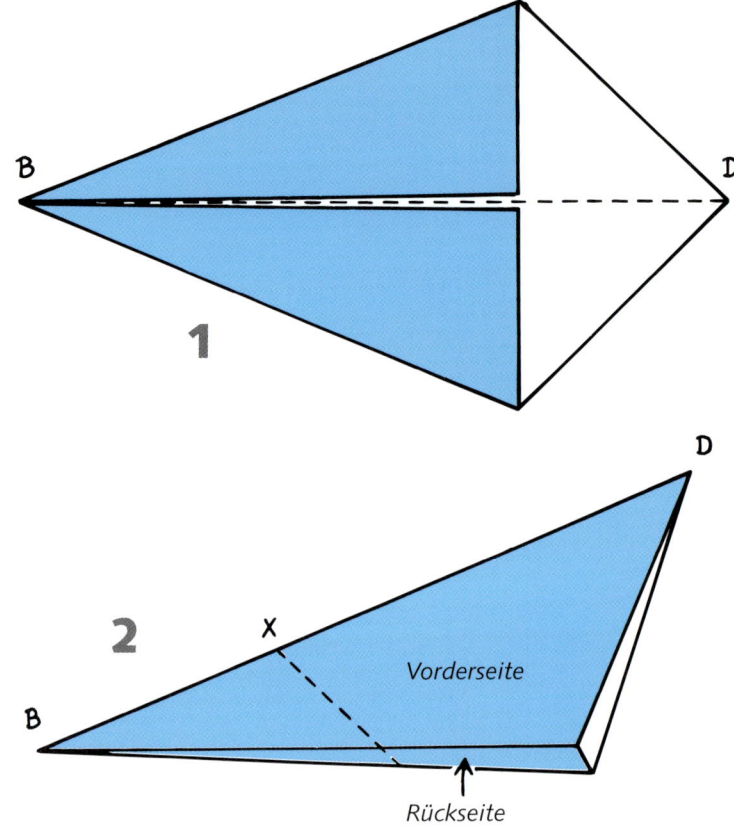

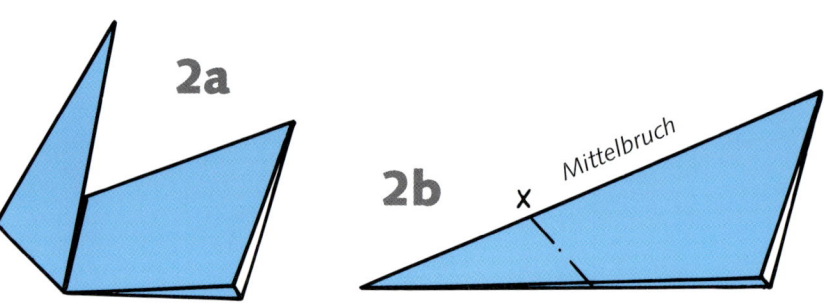

Die Gegenbruchfalte nach außen

Sie bewirkt, dass Vorderseite und Rückseite eines bestimmten Teils oder einer Spitze den Rest der Faltarbeit umschließen (Abb. 3). Dazu brauchst du zuerst einen Mittelbruch.

Merke dir: Eine Gegenbruchfalte nach außen kann immer nur in Richtung auf den Mittelbruch gefaltet werden! In der Zeichnung wird die Gegenbruchfalte nach außen durch eine Strichlinie dargestellt, weil sie mittels Talfalten entsteht. Hier musst du also stets die nächste Zeichnung anschauen, damit du weißt, ob du eine Talfalte oder eine Gegenbruchfalte nach außen machen sollst.

3. Durch eine weitere Gegenbruchfalte nach außen formst du den Kopf der Ente.

4. Hier wird es etwas schwieriger, denn beim Schnabel und Schwanz der Ente musst du sowohl einen Gegenbruch nach innen als auch einen nach außen machen. Dabei faltest du zuerst beide Falten oben auf der Arbeit und danach die eine nach innen und die zweite nach außen. Wenn du das ein paarmal gemacht hast, wird es dir ganz leicht von der Hand gehen. Gerade diese Falten machen aus deinen Figuren kleine Meisterwerke.

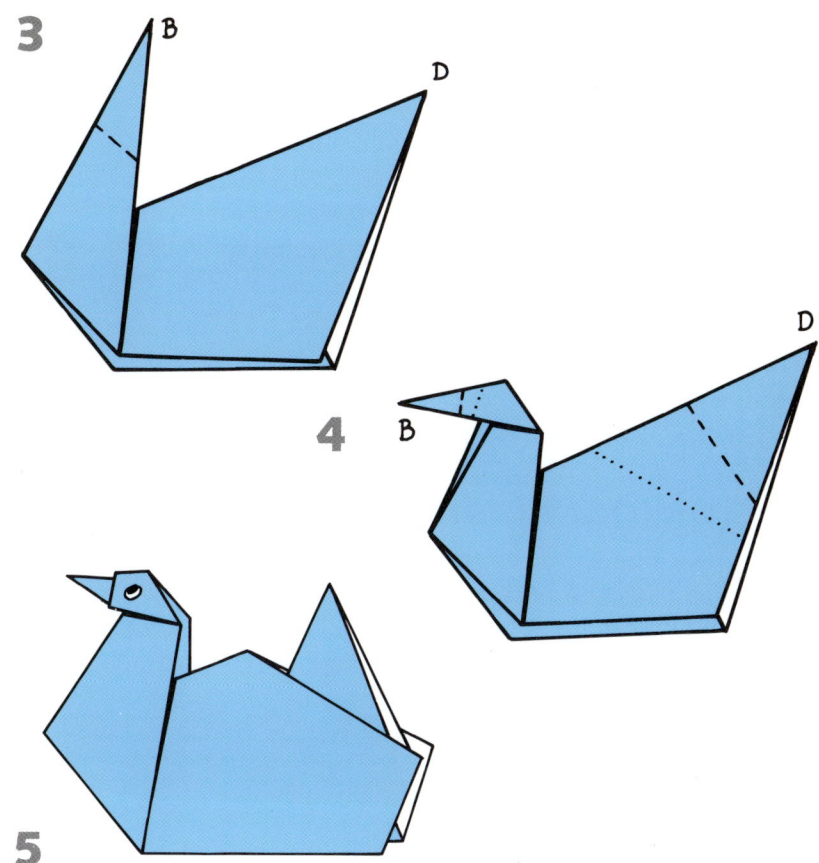

Fisch

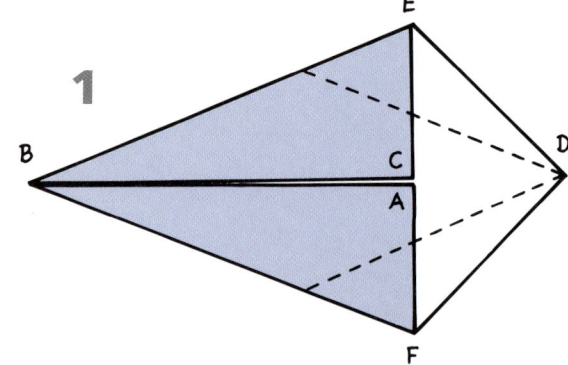

1

Aus der Drachen-Grundform kannst du nicht nur Vögel falten, das ist nur eine von vielen Möglichkeiten. Die Japaner falten daraus zum Beispiel die Fischform, die sich wiederum vielfach abwandeln lässt.

1. Du faltest die Drachen-Grundform und bringst in den eingezeichneten Talfalten die Ecken E und F an den Mittelbruch.

2. Falte die Spitze B auf Spitze D und öffne die Falte wieder. Nun kommt ein neuer Faltvorgang. Falte die innen liegende Ecke A im entstandenen Bruch von rechts nach links. Alle Seitenkanten des Faltblatts bleiben dabei am Mittelbruch. Die Ecke A bildet jetzt eine kleine Tüte, die oben auf deiner Faltarbeit liegt. Wiederhole den gleichen Vorgang mit der Ecke C.

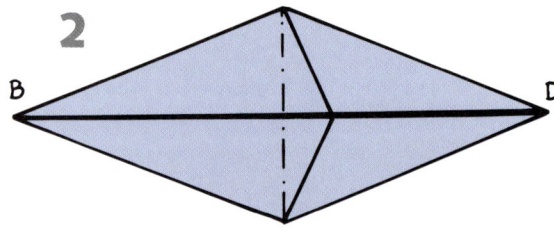

2

3. Im Mittelbruch siehst du eine punktierte Linie für eine Bergfalte. Die Abb. 4 zeigt dir, dass du den unteren Teil mit der Spitze A hinter den oberen mit der Spitze C falten sollst.

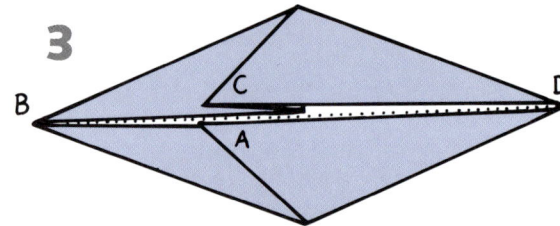

3

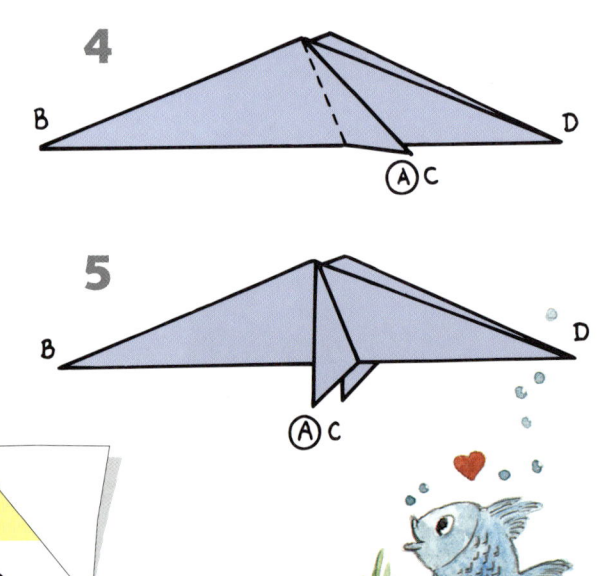

4

5

4. Die kleine, oben liegende Tüte mit der Spitze C kannst du nach rechts und links falten, wie du es gerade brauchst. Wenn du in der gestrichelten Linie eine Talfalte machst, steht die Spitze C unten über und sieht wie eine Flosse aus. Wenn du die Spitze C in die von dir gewünschte Lage gefaltet hast, drehst du die Arbeit um und wiederholst alles mit der Spitze A. Vergiss niemals, alle Falten gut einzustreichen. Mit Berg- und Talfalten und mit Gegenbruchfalten nach innen und außen kannst du mit dieser Fischform viele Figuren erfinden.

Stehauf-Maus

Wenn du glaubst, nun alles über die Drachen-Grundform zu wissen, irrst du dich, denn was du bisher gemacht hast, war nur ein kleiner Anfang. Es gibt so viele Möglichkeiten, diese Grundform zu falten. Ein Beispiel dafür ist diese Maus.

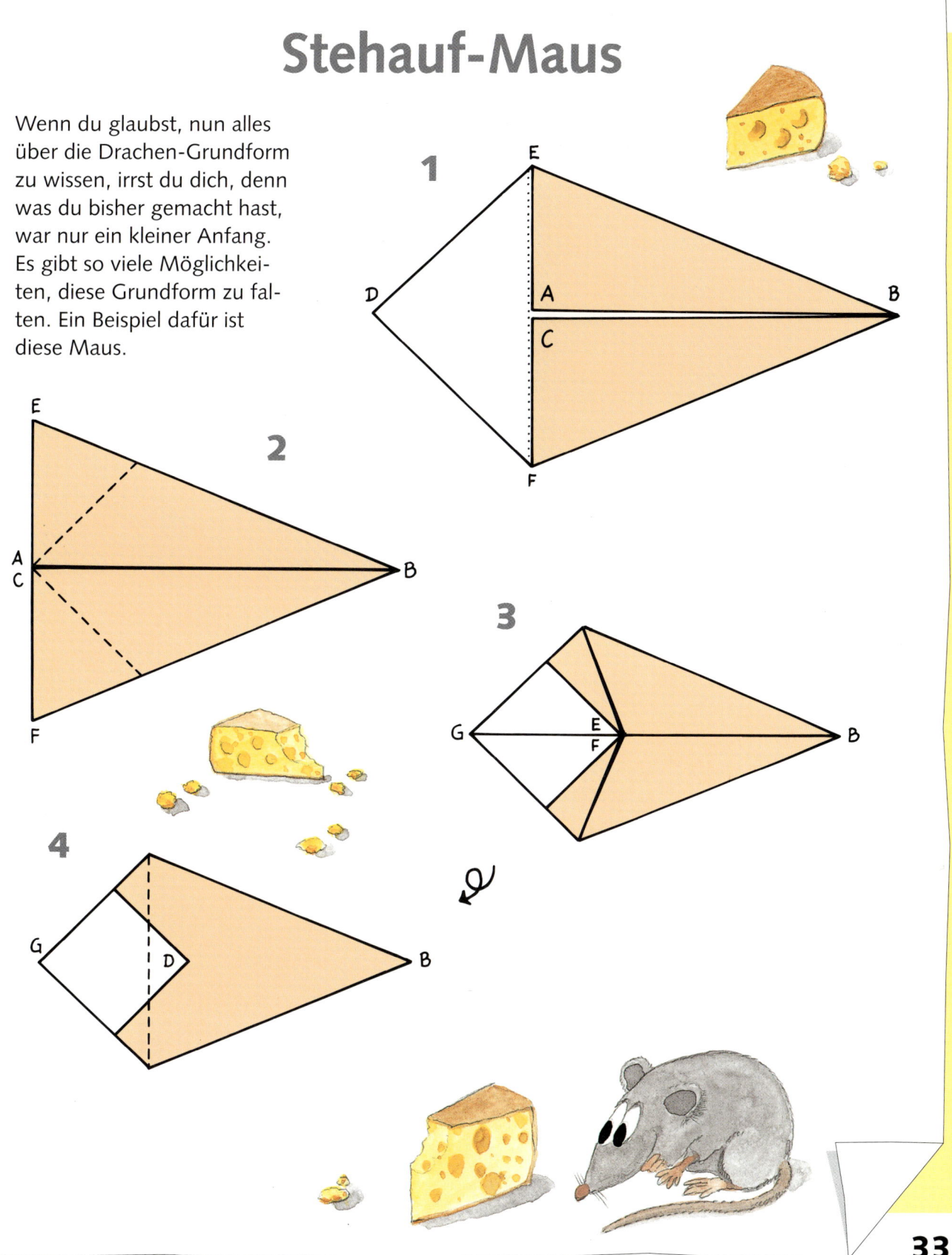

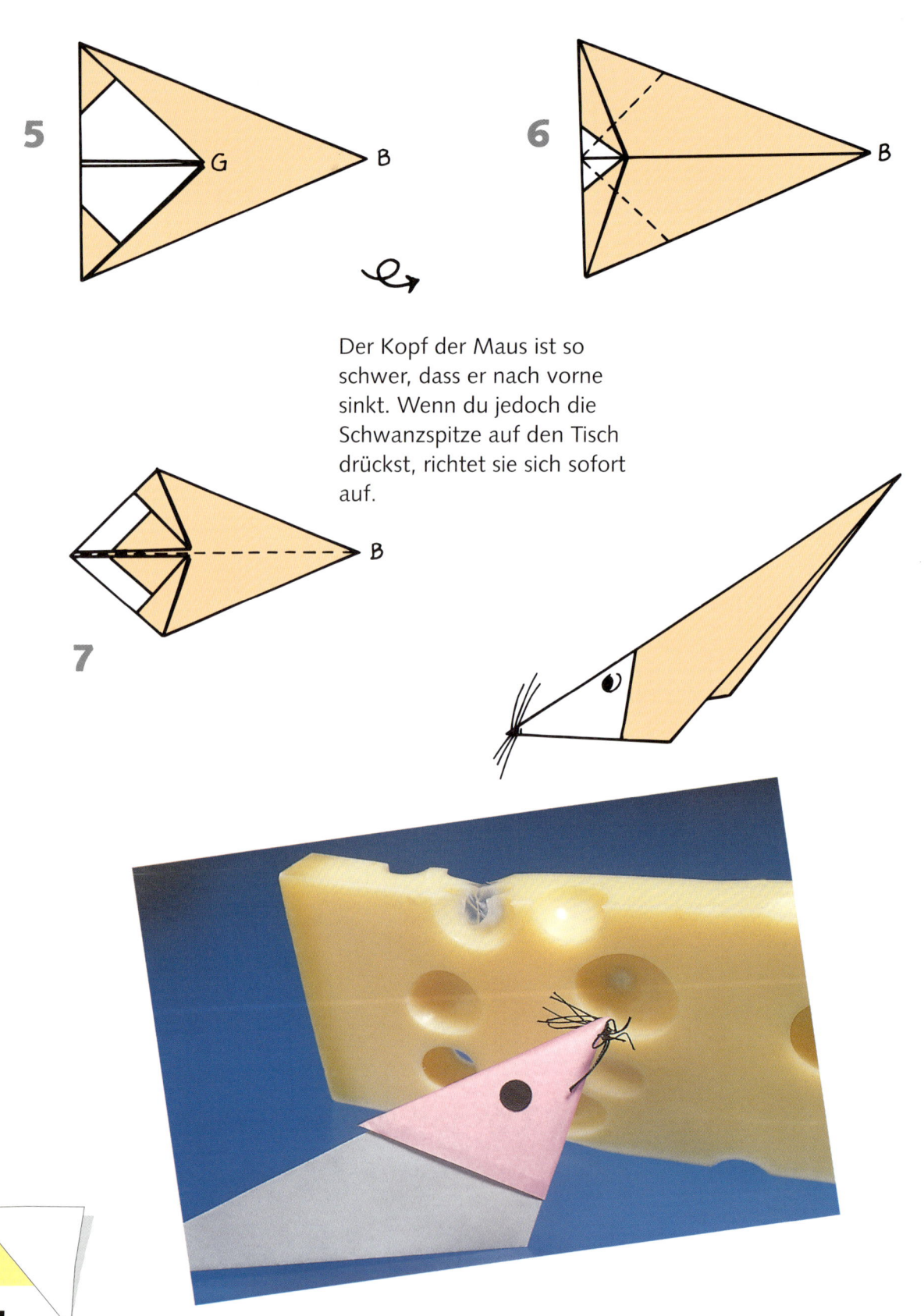

5

G

B

6

B

7

B

Der Kopf der Maus ist so schwer, dass er nach vorne sinkt. Wenn du jedoch die Schwanzspitze auf den Tisch drückst, richtet sie sich sofort auf.

Buch-Grundform

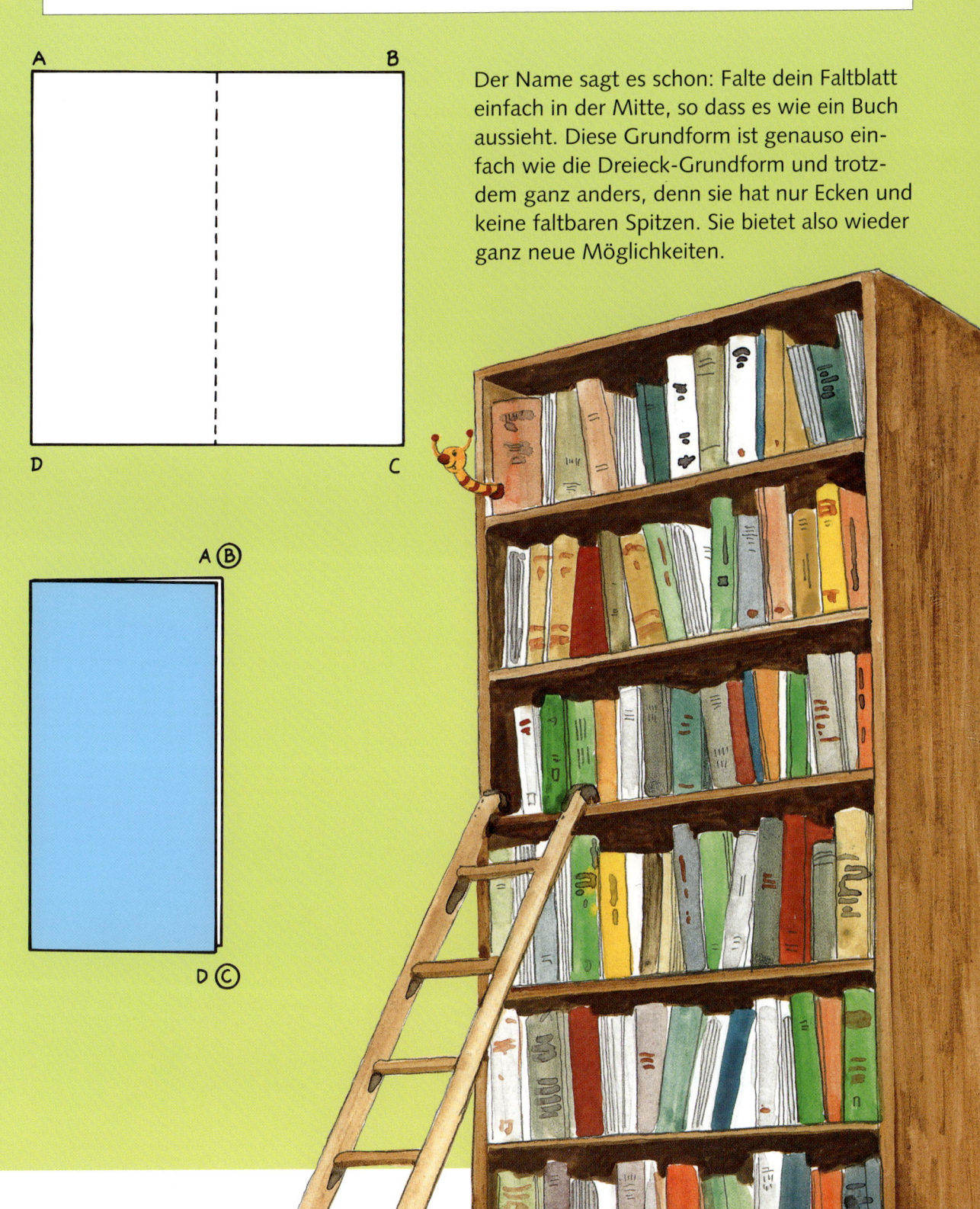

Der Name sagt es schon: Falte dein Faltblatt einfach in der Mitte, so dass es wie ein Buch aussieht. Diese Grundform ist genauso einfach wie die Dreieck-Grundform und trotzdem ganz anders, denn sie hat nur Ecken und keine faltbaren Spitzen. Sie bietet also wieder ganz neue Möglichkeiten.

Endloses Origami-Spiel

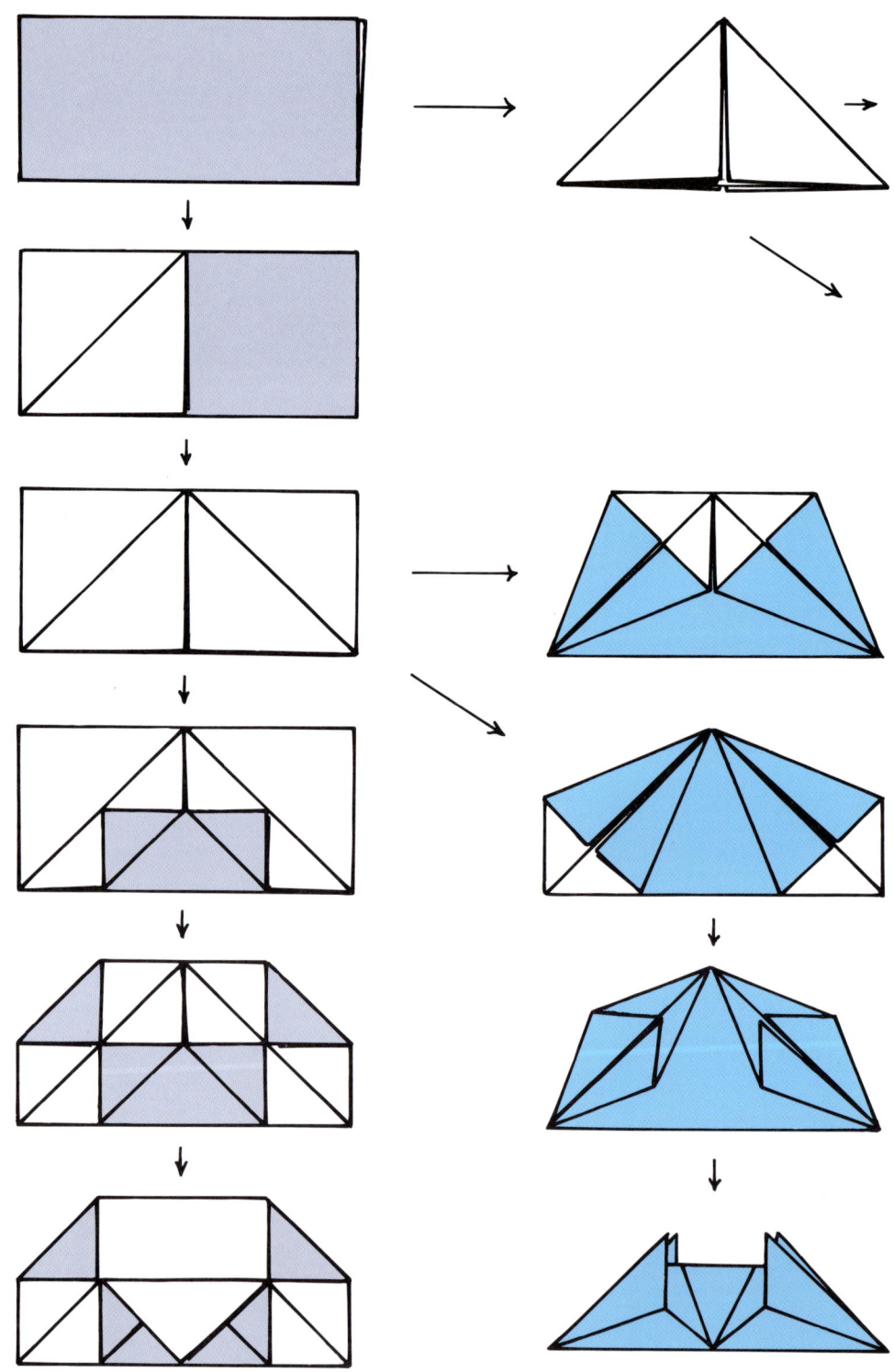

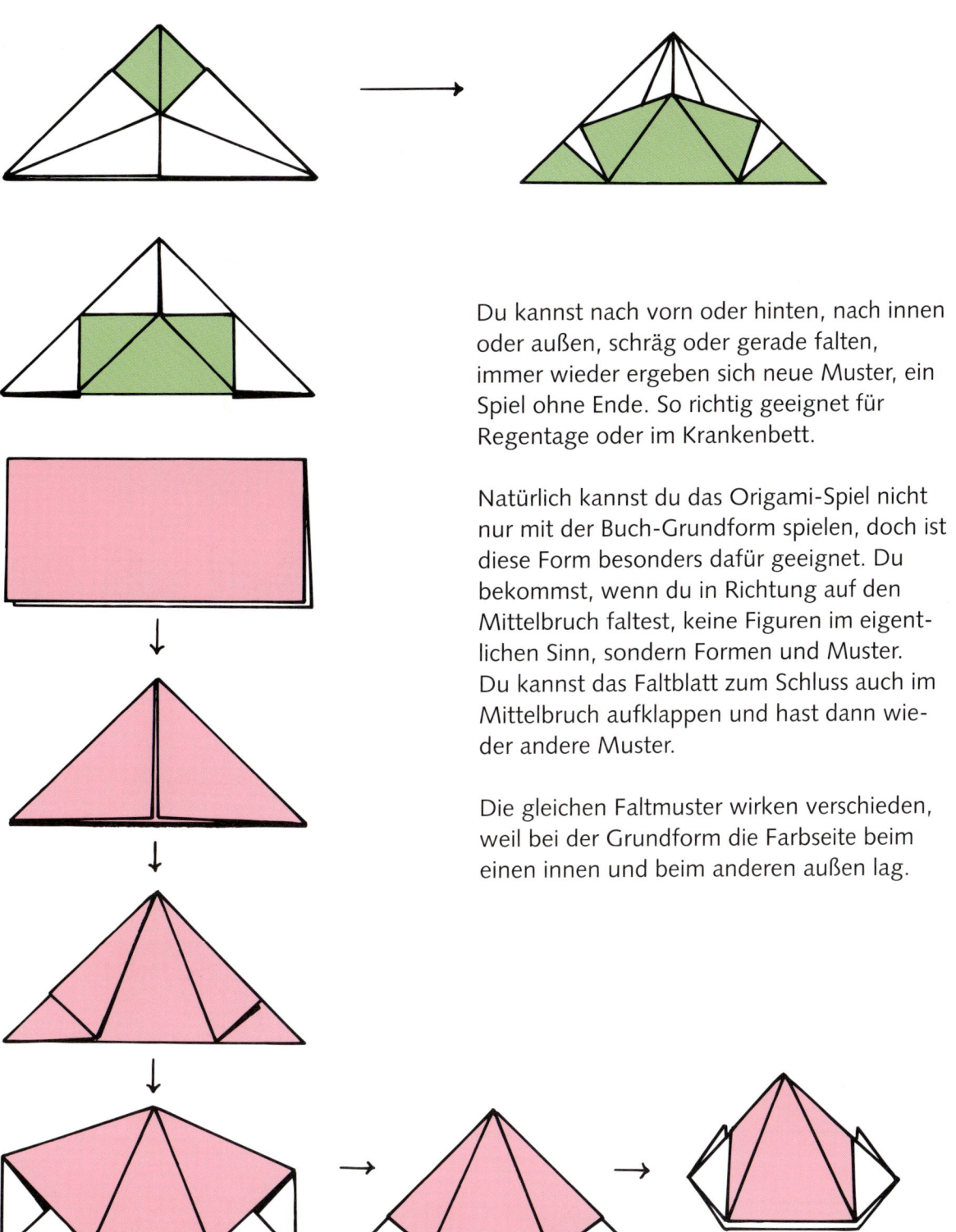

Du kannst nach vorn oder hinten, nach innen oder außen, schräg oder gerade falten, immer wieder ergeben sich neue Muster, ein Spiel ohne Ende. So richtig geeignet für Regentage oder im Krankenbett.

Natürlich kannst du das Origami-Spiel nicht nur mit der Buch-Grundform spielen, doch ist diese Form besonders dafür geeignet. Du bekommst, wenn du in Richtung auf den Mittelbruch faltest, keine Figuren im eigentlichen Sinn, sondern Formen und Muster. Du kannst das Faltblatt zum Schluss auch im Mittelbruch aufklappen und hast dann wieder andere Muster.

Die gleichen Faltmuster wirken verschieden, weil bei der Grundform die Farbseite beim einen innen und beim anderen außen lag.

Verwandlungen

Wenn du den Mittelbruch wieder öffnest, kannst du ihn als Hilfslinie benutzen, wie auf diesen Seiten gezeigt wird.

Bei der Buch-Grundform kannst du auch rechteckige Faltblätter nehmen, hier zum Beispiel bei der Eisenbahn und dem Bahnwärterhäuschen. An den Fahrzeugen sind viele Gegenbruchfalten auszuführen.

Denke daran, dass du zuerst Berg- oder Talfalten machst, damit du die Form der Figuren erkennst (siehe hier bei LKW und Auto).

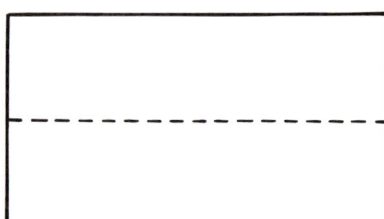

Haus

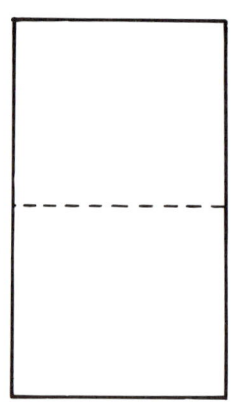

1

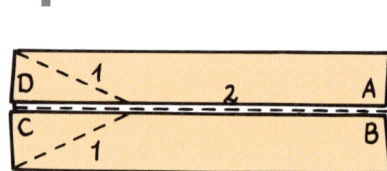

Lokomotive

2

3

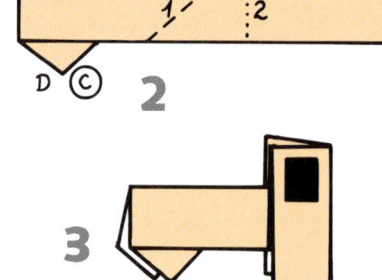

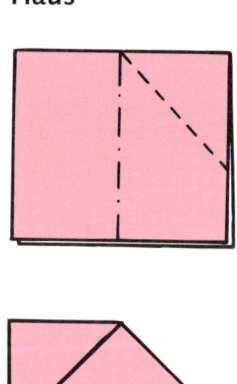

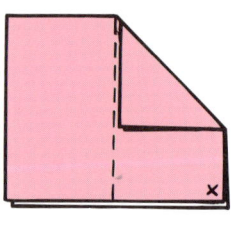

Anhänger (Waggon)

1

2

3

4

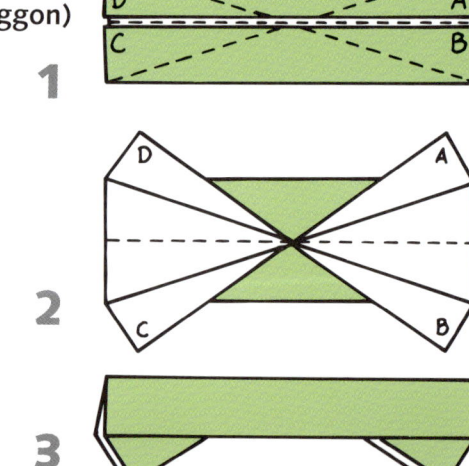

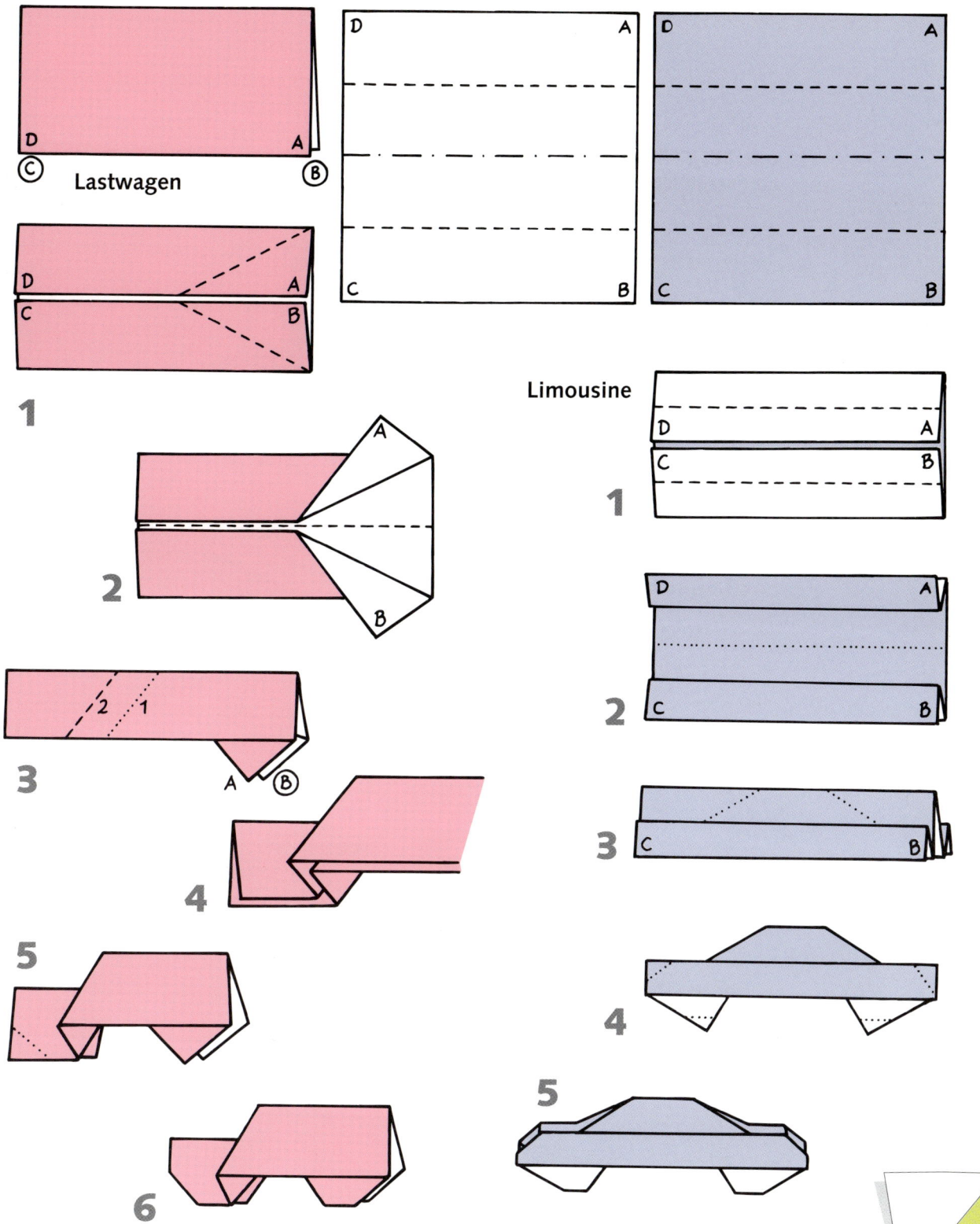

Lastwagen

1

2

3

4

5

6

Limousine

1

2

3

4

5

Pfeil

Der Pfeil entsteht aus der Buch-Grundform.
Du kennst jetzt alle Falten, die hier vorkommen, brauchst also keine Textanleitung mehr.
Dieser Pfeil fliegt sehr schnell und zielsicher.

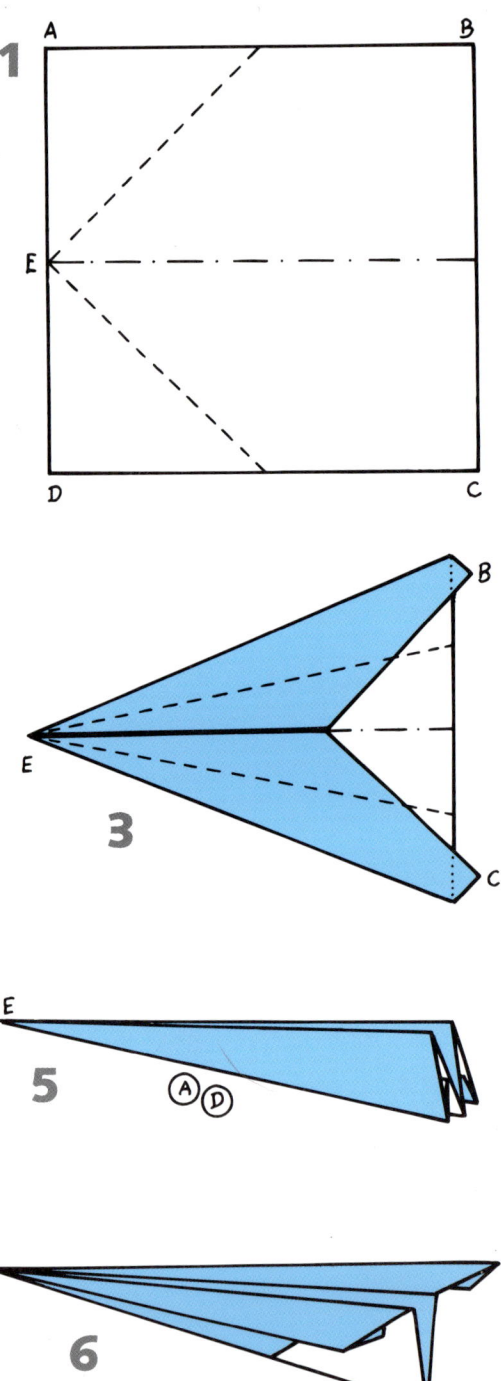

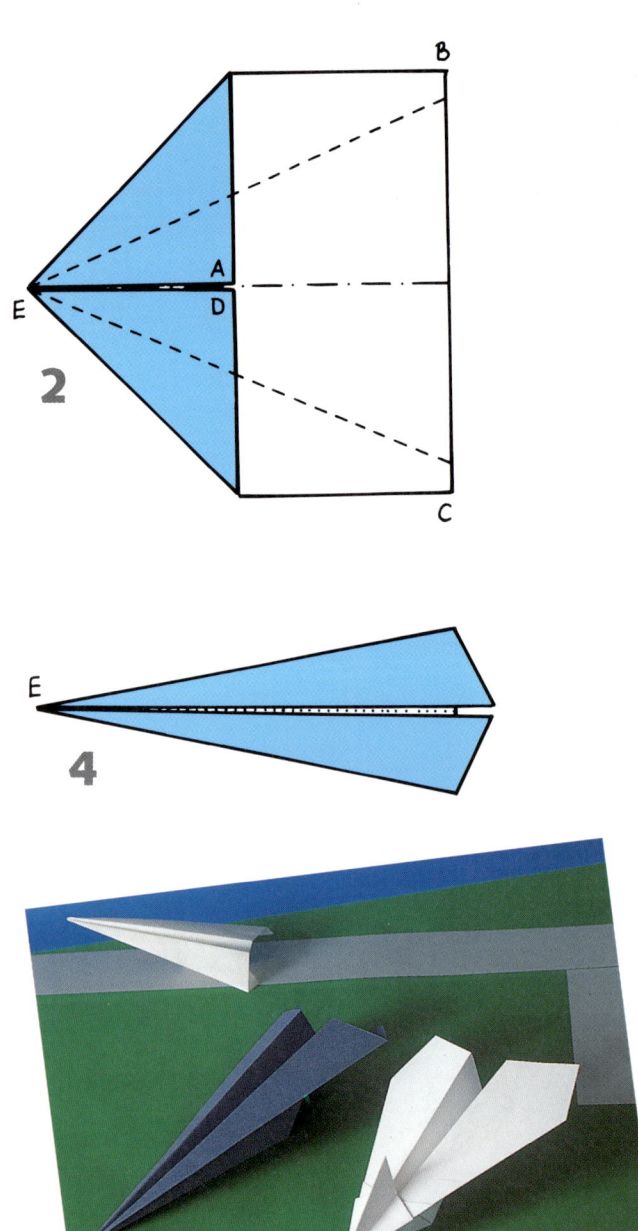

Sportflugzeug

Damit hast du bestimmt keine Schwierig-
keiten. Es ist ein gutes Beispiel für die vielen
Abwandlungsmöglichkeiten. Du faltest zuerst
den Pfeil von der vorigen Seite bis Abb. 2 und
dann die Ecke E in die hier in Abb. 1 gezeigte
Lage. Nun kannst du wie gewohnt nach den
Zeichnungen weiterfalten.

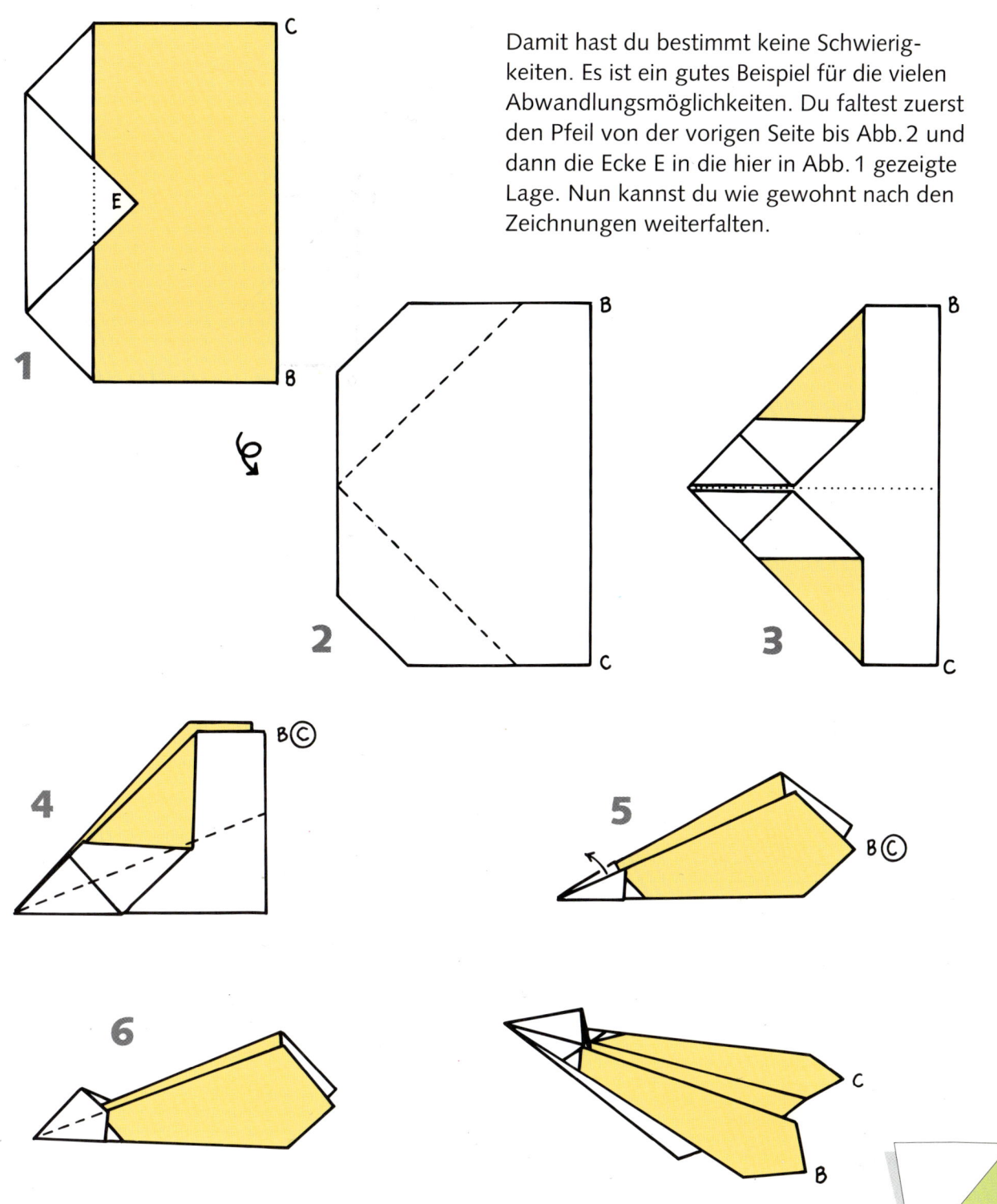

Boote

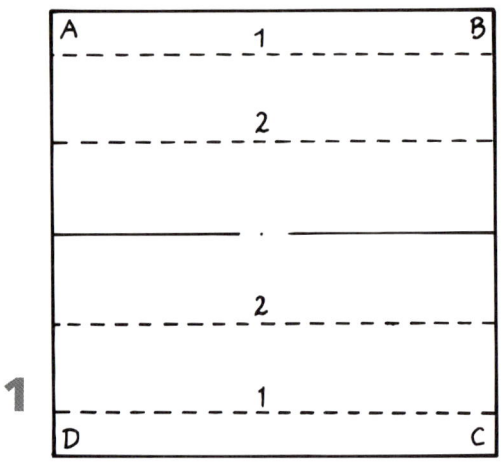

1. Talfalten in den Linien 1 und 2.

Hier hast du gleich zwei Boote und beide können richtig im Wasser schwimmen. Für das rechte Boot bekommst du ganz knappe Faltanweisungen. So kannst du testen, wie gut du in Origami geworden bist.

2. Talfalten an allen vier Ecken.

Boot 1

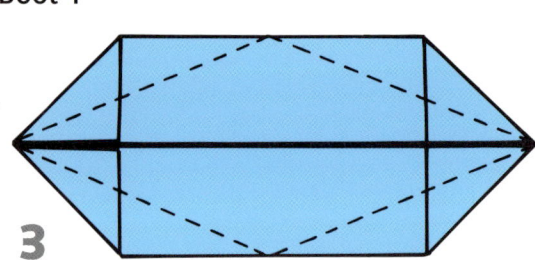

3. Talfalten in den gestrichelten Linien.

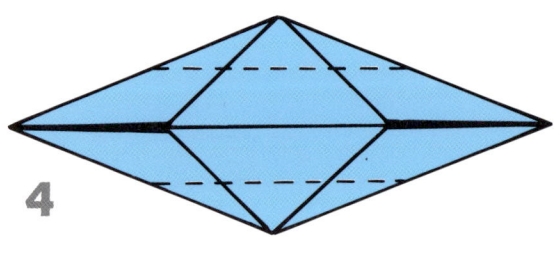

4. Talfalten in den gestrichelten Linien.

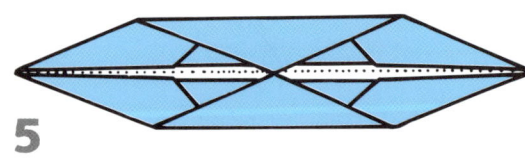

5. Bergfalte im Mittelbruch.

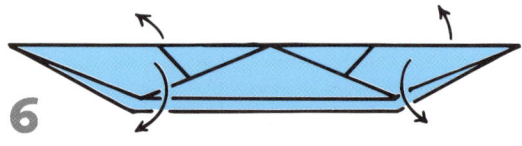

6. Die Arbeit umkrempeln. Die jetzt außen liegenden Seiten bilden die Innenwände des Bootes.

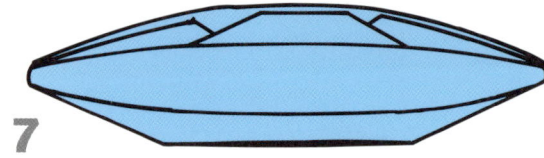

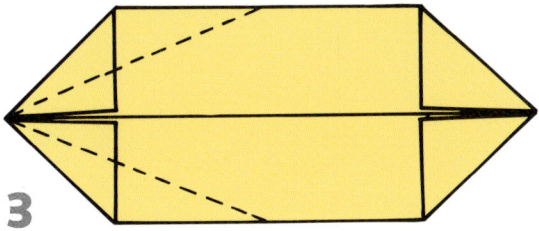

3

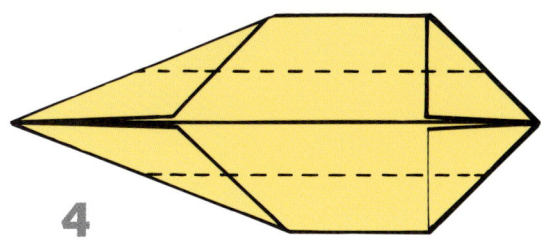

4

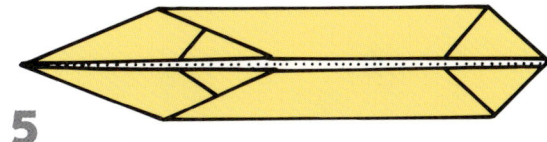

5

Boot 2

3. Talfalten in den gestrichelten Linien.

4. Talfalten in den gestrichelten Linien.

5. Bergfalte im Mittelbruch.

6. Die Arbeit umkrempeln. Die jetzt außen liegenden Seiten bilden die Innenwände des Bootes.

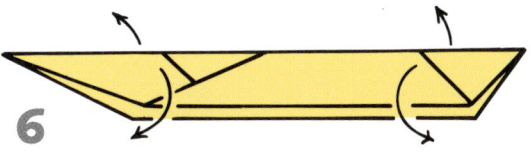

6

7